Impressum:

Titel: Die besondere Wichtelbäckerei
1.Auflage

Texte: © Copyright by PFEFFER ANNA 2021
Umschlaggestaltung: © Copyright by Destiny Coverart

Verlag:
Anna Pfeffer
Anger 5
7441 Bubendorf im Burgenland
tulpe11@gmx.at

Herstellung: epubli, ein Service der neopubli GmbH, Berlin

Alle Rechte vorbehalten. Das Werk ist einschließlich aller Inhalte urheberrechtlich geschützt. Nachdruck oder Reproduktion in irgendeiner Form sowie die Einspeicherung, Verarbeitung, Vervielfältigung und Verbreitung mit Hilfe elektronischer Systeme jeglicher Art, gesamt oder auszugsweise, ist ohne ausdrückliche Genehmigung des Urhebers untersagt.

Urheberrechtlich geschütztes Material

Die besondere Wichtelbäckerei

Seit ich zusammengefallen war, und die Ärzte einen Tumor an meiner Wirbelsäule gefunden haben, haderte ich mit meinem Schicksal. Ich konnte kaum mehr gehen. Hin und wieder für ein paar Sekunden stehen. Operation ging nicht, da der Tumor zu nah an der Wirbelsäule war. Die Chemo und die Immuntherapie hatten nicht gegriffen und mir wurde es immer übel. Was zwar normal war, aber ich das nicht weitermachen wollte. Der Tumor war zwar gutartig, doch drückte er auf meine Wirbelsäule. Ich wollte kein Versuchskaninchen sein und dieses und jenes ausprobieren. Ständig mit Medikamenten gefüttert werden, brechen, schlafen oder durchdrehen. Mit dem Tumor konnte ich leben. Und ich wollte leben und nicht dahinsiechen. Auch wenn es dann hieße: Ein Leben im Rollstuhl. Immer noch besser als ständig im Krankenhaus und nichts machen können. Nichts essen können oder nur für die nächste Therapie leben. Die Ärzte wollten mir unbedingt dies und jenes einreden, doch ich wollte nicht. Als ich mich von alledem erholt hatte, wollte ich wieder arbeiten gehen. Das konnte ich auch im Rollstuhl machen. Ich war Werbemanager und das tat ich gerne. Somit rollte ich mit dem Rollstuhl zu meinem Lieblingsbäcker und wollte mir von dort einen Kaffee und mein Lieblingsgebäck holen. Doch da hatte sich anscheinend auch etwas geändert. Es waren mehr Leute drinnen als ich gewohnt war. Auch war nicht mehr das alte Pärchen im Laden, sondern eine mir fremde Frau und ein Mädchen. Bis ich nach vorne kam, bemerkte ich erst, dass das Mädchen behindert war und anscheinend das Down Syndrom hatte. Ob ich da meine gewünschten Sachen bekam? Ganz freundlich begrüßte sie mich und fragte: „Guten Morgen der Herr. Was wünschen Sie?"

„Ich hätte gerne eine Latte, ein Nougat Crousons und eine Pizzascheibe zum Mitnehmen bitte."

Während ich gewartet hatte, habe ich mich schon umsehen können, was sie alles hatten. Ich dachte das würde jetzt eine Ewigkeit dauern. Aber sie hatte die Ruhe weg. Machte in Ruhe den Kaffee, packte mir die Sachen alle in eine Papiertüte. Ich erwartete, dass sie mir die Sachen über die Theke geben würde. Doch weit gefehlt, denn sie kam um den Ladentisch und gab mir die Tüte persönlich. Ich gab ihr das Geld und sie gab mir auch richtig zurück. Dann wünschte sie mir noch einen schönen Tag. Ich war sehr verwundert. Das hatte ich nicht erwartet. Ich dachte, die wären ungeschickt und langsam. Aber sie hatte mich vom Gegenteil überzeugt. Seit ich selber „behindert" war, sah ich einiges mit anderen Augen. Viele sahen mich mitleidig oder verwundert an. Das Mitleid mochte ich gar nicht.

Ich fuhr zu meiner Firma weiter. Dort gab es, Gott sei Dank, einen Lift, mit dem ich zu meinem Büro fahren konnte. Es war seit langem mein erster Arbeitstag. Die Kollegen freuten sich, dass ich wieder hier war. Ich hatte mit meinem Chef ausgemacht, dass ich mal für ein paar Stunden anfange und wenn es nicht notwendig wäre, ich von zu Hause weiterarbeite. Falls es für mich doch zu viel würde am Anfang. Er hatte nichts dagegen und freute sich trotzdem das ich wieder im Haus war.

Nach der Begrüßung zeigte mir Rudi, an was gerade gearbeitet wurde. Auch bekam ich meinen eigenen Bürotisch. Dort konnte ich mich dann in die Arbeit vertiefen. Was ich dann nicht bemerkte, nach drei Stunden fiel ich sozusagen um und schlief ein. Franz weckte mich auf.

„Hey Kollege! Geschlafen wird zu Hause."

Ich sah verwirrt hoch. War ich wirklich eingeschlafen? Ich rieb mir die Augen und sah auf meinen Computer. Einiges hatte ich ja geschafft. Den Kaffee hatte ich schon getrunken, als ich hier angekommen war. Auch das Crousons gegessen. Jetzt aß ich die Pizzascheibe. Franz brachte mir einen Kaffee dazu.

„Bäh! Der ist ja immer noch so scheußlich wie früher!"

„Na was glaubst du denn, dass der Chef eine neue Kaffeemaschine kauft, weil du wieder da bist?", meinte Franz.

„Wäre nicht schlecht", und würgte ihn mit der wirklich guten Pizzaschnitte hinunter. Dann versuchte ich noch etwas zu arbeiten. Aber ich konnte mich nicht mehr konzentrieren. So packte ich alles ein, meldete mich ab und fuhr nach Hause. Ich wusste nicht wieso ich eigentlich so müde geworden war.

Während ich nach Hause fuhr, überlegte ich warum. Normal stand ich später auf. Hatte ja nicht viel zu tun und schlief meistens nachmittags eine Runde. Da ich arbeiten wollte, brachte mich das um meine Routine. Als ich noch die Medikamente bekam, schlief ich noch mehr. Also war mein Körper doch noch nicht so fit, wie ich dachte. Es würde eine Zeit dauern bis ich mich umgestellt habe. Ich kam bei der Bäckerei vorbei. Es war auch ein kleines Café mit einer Kantine inkludiert worden. Ich hatte

Lust auf etwas. Somit fuhr ich hinein. Jetzt konnte ich mich in Ruhe umsehen. Es war alles neu hergerichtet worden. Die Verkäuferin kam von hinten nach vor. Über der Tür war eine Uhr. Die zeigte halb 12 Uhr an.

„Entschuldigung, ich weiß, Sie werden schon zusperren wollen. Ich nehme mir nur rasch etwas mit."

„Nein, wieso wollen Sie sich so stressen. Wir haben durchgehend geöffnet."

Ich starrte sie an.

„Machen sie nicht mehr um die Mittagszeit zu?"

„Nein. Seit fünf Monaten nicht mehr. Seit die Bäckerei eine neue Besitzerin hat."

„Eine neue Besitzerin? Haben das alte Pärchen die Bäckerei verkauft?"

„Nein. Der Herr Gradwohl ist verstorben und seine Frau konnte es nicht mehr weiterführen. Eigene Kinder hatten sie nicht und jetzt suchten sie einen Nachfolger. Zur gleichen Zeit suchte eine entfernte Nichte eine Arbeit. Die übernahm das gerne. Sie hat alles umgebaut und erweitert. Die Bäckerei geht besser als vorher. Wir bieten auch ein kleines Frühstück an und zu Mittag wird gerne von den umliegenden Büros ein kleiner Snack geholt. Wir bieten Frankfurter, Debreziner, Gulasch und Gulaschsuppe an. Auch

Wurstsemmeln, belegte Kornspitz, Speckstangerl und Käsestangerl. Wollen sie vielleicht etwas?"

„Ja das wäre sehr nett. Eine Gulaschsuppe mit Gebäck bitte."

Es war egal, ob ich jetzt nach Hause fahre und mir dort etwas aufwärme oder hier etwas frisches esse. Und das noch in guter Gesellschaft. 10 Minuten später hatte ich mein Essen und der Trubel fing auch schon an. Die meisten hatten sich etwas geholt oder rasch Würstel oder Gulaschsuppe gegessen. Um halb eins war wieder alles vorbei. Sie hatte das alles alleine geschafft.

„Und wünschen Sie noch etwas?"

„Ja, eine Cola und wenn Sie noch ein Paar Frankfurter übrig hätten vielleicht?"

„Ja, ich glaube es ist noch ein Paar übriggeblieben. Circa weiß ich schon was meine Pappenheimer immer so essen. Bleibt selten etwas übrig."

Dann brachte sie mir noch ein Paar Frankfurter mit Gebäck. Danach bemerkte ich, wie ich müde wurde. Eigentlich wollte ich rasch nach Hause fahren. Doch das dürfte ich nicht mehr geschafft haben. Denn ich wachte im Eck von der Bäckerei auf. Wer hatte mich denn hierhergeschoben? Als ich auf die Uhr sah, war es schon 15 Uhr. Eine andere Verkäuferin kam von hinten daher.

„Oh Guten Morgen. War die Nacht so kurz?", fragte sie mich.

„Keine Ahnung. Ich war seit über einem Jahr wieder in der Arbeit. Anscheinend hat mich das so hergenommen. Das Fahren mit dem Rollstuhl bin ich auch noch nicht so weit gewohnt."

Ich holte mir von der Kühlvitrine noch etwas zu trinken. Dann fiel mir ein, ich hatte ja noch gar nichts bezahlt.

„Darf ich meine Schulden zahlen? Ich sage Ihnen auch alles an, was ich hatte."

„Brauchen Sie nicht. Es ist alles in der Kasse."

„Gut dann geben Sie mir noch zwei Wurstsemmeln und den Schoko Donat."

Sie packte mir alles ein und kam auch mit der Rechnung um die Theke. Den Rest des Geldes gab ich ihr als Trinkgeld. Mit meinem Proviant fuhr ich nach Hause. Dort arbeitete ich noch etwas an dem Projekt, dann richtete ich mich für die Nacht her und ging schlafen. Es war ein anstrengender und Abwechslungsreicher Tag und schwerer als ich erwartet hatte.

Am nächsten Tag fing ich später an zu arbeiten und holte mir wieder etwas von der

Bäckerei. Es bediente mich wieder dieses Mädchen mit Down Syndrom. Sie war immer noch sehr nett und freundlich.

Diesmal hielt ich fast bis Mittag durch. Ich wollte mir beim nach Hause fahren noch etwas zum Essen holen. Diesmal ein Gulasch. Es war schon viel los. Ich bestellte mein Essen, sagte das sie es mir richten kann, wenn die Leute alle bedient waren. Ich hatte ja Zeit. Die anderen mussten ja wieder zurück zur Arbeit. Darum setzte ich mich in die Ecke und wartete bis sie mir das gewünschte bringt. Als ich aufsah war es still und keine Leute da. Was war geschehen? Ich sah auf die Uhr. Es war schon wieder 15 Uhr. Das wurde jetzt peinlich! Ich war schon wieder eingeschlafen hier. Diesmal kam eine andere Frau von hinten her.

„Ach, der Herr hat sein Mittagsschläfchen schon fertig. Wollen Sie ihr Essen mitnehmen oder essen Sie es vielleicht gleich hier?"

Ich konnte nur verlegen lächeln. Da mir jetzt auch noch der Magen knurrte, bat ich sie, mir das Essen gleich zu bringen. Und eine Cola dazu. Ich aß alles zusammen. Und es war nicht wenig, was sie mir gebracht hatte. Ich bedankte mich und wollte mich entschuldigen, weil ich schon wieder hier geschlafen hatte.

„Ja das hatte ich schon gehört. Aber besser Sie schlafen hier, als Sie bleiben unterwegs wo stehen und schlafen dort ein."

Das wollte ich mir gar nicht erst vorstellen.

„Danke, dass Sie mir nicht böse sind deswegen."

„Wieso sollte ich? Sie stören doch keinen."

Ich nahm mir dann noch etwas für das Abendessen mit und fuhr nach Hause. Dort arbeitete ich noch etwas. Bevor ich mich duschen ging, machte ich meine Übungen. Ich sollte, wenn es mir möglich war, ein paar Schritte gehen. Da der Nerv noch nicht ganz abgedrückt war, sollte ich meine Muskeln noch bewegen. Einmal die Woche kam auch noch eine Physiotherapeutin. So stand ich langsam auf, bewegte mich im Schneckentempo um meinen Couchtisch, um jederzeit auf die Couch oder in einen der Sessel zu fallen. Ich war immer froh, wenn ich meine Runde schaffte. Also war noch nicht Hopfen und Malz verloren. Aber die Ärzte hatten leider nicht viel Hoffnung, auch wenn der Tumor gutartig war.

Nach dem Duschen, das ich leider im Sitzen machen musste, ging ich essen und dann sofort ins Bett. Ich war Hundemüde und wusste immer noch nicht wieso? Am nächsten Tag war in der Bäckerei wieder das Gleiche. Bevor ich aber noch meine Bestellung aufgeben konnte, kam dieses Down Mädchen um die Theke und gab mir eine Tüte.

„Ich habe dir schon dein Essen gerichtet und du darfst es dir hier immer abholen. Du musst dich nicht in die Schlange stellen."

Ich war so gerührt. Bis jetzt hatte ich immer das gleiche genommen.

„Was ist, wenn ich mal etwas anderes will?", fragte ich sie verschwörerisch.

„Dann tauschen wir es aus", sagte sie auch verschwörerisch zu mir.

Heute war die nette Dame von gestern Nachmittag hier und bediente die Leute.

„Passt das heute für dich?", fragte das Mädchen mich.

Ich sah rasch in die Tüte und musste grinsen. Es passte alles ganz genau.

„Danke ..."

Ich wusste gar nicht ihren Namen.

„Susi. Ich bin die Susi", sagte sie frohgelaunt und hielt mir ihre Hand hin.

„Ich bin der Nik. Danke Susi."

Ich bezahlte und sie arbeitete weiter. Leider musste ich auch gehen, äh fahren. In der nächsten Zeit wiederholte sich das. Ich merkte auch das viele sich von ihr nicht bedienen lassen wollten. Warum? Nur weil sie „behindert" war?

Ich war auch behindert, aber anders. Seit ich im Rollstuhl saß, betrachtete und beobachtete ich die Leute besser und sah sie auch aus einem anderen Blickwinkel. Viele starrten mich an, die mich von früher kannten. Manchen erzählte ich meine Geschichte, anderen nicht. Wenn du nicht mehr so fit bist wie früher, dann merkst du erst, wer erst zu deinen Freunden gehört. Mein Chef Rudi gehörte zu der besseren Sorte. Er freute sich mich wieder zurück zu haben. Auch wenn es nicht mehr so wie früher ging. Ich hatte oft gute und verrückte Ideen. Die machten sich bezahlt.

„Gut, dass du wiederkommst. Du gehst uns schon sehr ab. Auch die Kunden fragen nach dir, denn du hast immer so gute und verrückte Ideen. Das macht oft viel aus. Und ich erhoffe mir, dass die nächste Kampagne gut einschlägt."

Aber mir blieben die Ideen aus. Vielleicht auch deswegen, weil ich nicht mehr so viel rauskam, und mir dadurch keine blöden Ideen einfielen. Derzeit schlief ich ja bei der Arbeit ein. Es war Anfang November und ich brauchte eine Idee für eine Weihnachtskampagne und das ganz dringend. Es ging um ein Spiel für Kinder von 5 bis 12 Jahren und auch darüber. Sie hatten schon einige Kinder hier und es wurden schon Fotos und auch ein Videodreh gemacht. Doch ich kam dadurch auch auf keinen grünen Zweig. Sie sollten es mir mal selber zum Ausprobieren geben. Da ich mir sonst nichts vorstellen konnte. So fuhr ich am Freitag damit nach Hause. Natürlich machte ich wie üblich, in meiner Bäckerei, für mich war es immer noch meine Bäckerei, auch wenn jetzt ein kleiner Imbiss angeschlossen war. Der übrigens sehr gut ging. Diesmal fuhr ich gleich in meine Ecke und bestellte mir etwas zum Essen. Von dort aus hatte ich einen guten Überblick. Bevor ich mich wieder in mein „Delirium" verabschieden konnte, machte ich noch das Spiel auf und las die Beschreibung durch. Nach der Beschreibung kam ich ganz und gar nicht klar. Ich legte sie dann auf die Seite und packte es einfach aus. Susi kam gerade an meinen Tisch. Schon angezogen und wollte sich verabschieden.

„Was machst du da?"

„Ich habe da ein neues Spiel und jetzt versuche ich es zu spielen."

„Aber alleine geht das doch nicht", meinte sie schon fast aufgebracht.

„Willst du vielleicht mitspielen?"

„Ja, wenn ich darf? Ich komme gleich."

Ging noch einmal zurück und kam dann ohne ihren Mantel wieder, setzte sich zu mir und half mir alles aufzubauen. Das würde was werden, dachte ich mir. Doch sie baute es, ohne zu zögern auf, stellte alles an Ort und Stelle und dann begann sie zu würfeln. Auch ich würfelte und auf einmal spielten wir, ohne dass sie die Spielanleitung gelesen hatte. Und ich hatte mich nicht einmal durchgeblickt. Wir waren schon mitten im Spiel als noch zwei „behinderte", besser gesagt, zwei Personen mit besonderen Bedürfnissen dazu kamen. Sofort machte Susi Platz. Sie stellten dann auch gleich einen anderen Tisch dazu. Es war zwar schon Mittag, aber freitags kamen anscheinend nicht so viele Leute. Sie spielten vergnügt weiter ohne Spielanleitung. Dann kam noch eine Frau dazu und stellte sich als Betreuerin, Ilse Frühstück, der Kinder vor. Sie baten diese sich auch zu setzen und mitzuspielen.

„Aber nur eine Stunde. Denn dann müssen wir nach Hause gehen."

Schon wurde fröhlich weitergespielt. Ich zog mich zurück und überlies Ilse den Platz. Sie freuten sich riesig, auch wenn sie rausgeschmissen wurden oder verloren. Es war so schön ihnen zuzusehen. Sofort zückte ich mein Handy und filmte die Szene. Das wäre doch etwas für die Kampagne. Dann mussten sie leider gehen. Ich bedankte mich für den netten Nachmittag und fragte auch Ilse wo denn das Heim wäre und ob es weit ist.

„Nein, eine halbe Stunde Fahrt mit der Straßenbahn. Sie gab mir noch die Adresse und die Telefonnummer, dann mussten sie gehen. Alle verabschiedeten sich sehr freundlich von mir. Ich packte das Spiel wieder ein, währenddessen sah ich das die eine Verkäuferin etwas aufstellte. Einige Keksschachteln für Weihnachten, damit man sie vorbestellen konnte. Ja, Kekse wären auch etwas. Die hatte ich schon lange nicht mehr. Ich fuhr zu ihr und bat sie mir ein Kilo zu bestellen.

„Einen Moment das macht die Chefin persönlich", und drückte hinter ihr auf einen Knopf.

Nach ca. zwei Minuten kam eine Frau aus der Tür hinter mir daher. Das war die nette Verkäuferin, die mir das Gulasch gebracht und nichts dagegen hatte, dass ich im Eck verschlafen habe.

„Guten Tag Herr …"

„Nik, Nik Renner", stellte ich mich ihr vor.

„Ich bin die Inhaberin hier und Sie wollen etwas von mir?"

„Ja, ich würde gerne Kekse bestellen."

„Zwei, drei oder mehr Kilo?"

„Nein, danke nur für mich alleine. Ich glaube da reicht ein Kilo."

Jetzt war sie überrascht.

„Wann würden Sie die wollen? Schon Anfang Dezember oder erst kurz vor Weihnachten."

„Ja, kurz vor Weihnachten wäre ideal. Ansonsten sind sie vorher schon weg."

„Und warum kaufen Sie nicht schon vorher etwas und für Weihnachten noch einmal?"

„Sie sind sehr geschäftstüchtig. Zwei Mal ein Kilo bestellen", und grinste sie an, „Als ich die Kekse sah und den Duft roch, kamen in mir Erinnerungen hoch. Von meiner Großmutter die immer gute Kekse gebacken hatte. Ich vermisse sie und auch das Backen, aber das kommt nicht mehr zurück."

„Das kommt nicht mehr zurück, aber wenn Sie mal Kekse backen wollen, wir backen zufällig welche. Wenn Sie helfen wollen?"

Ich starrte sie nur an. Sie bot mir wirklich an ihr zu helfen? Ich sah an mir runter.

„So? Was soll ich im Rollstuhl helfen?"

„Wir finden schon etwas für Sie. Hätten sie vielleicht morgen gleich Zeit? Um 5 Uhr?"

„Fünf Uhr nachmittags?", fragte ich irritiert.

Das wäre reichlich spät dafür, aber vielleicht hatte sie da erst Zeit. Es war ja was anderes auch zu tun. Und mit ihr alleine zu backen wäre schon schön. Sie war eine nette Frau. Ca. 170 cm groß, mittelbraune, gelockte

Haare und braune Augen. Eine Frau wie ich sie mir früher gewunschen habe. Aber jetzt, dachte ich an keine Frau, denn ich saß im Rollstuhl.

„Nein! 5 Uhr morgens! Was glauben Sie denn? Also ist das zu früh?"

„Nein, nein. Ich war jetzt nur etwas verwirrt. Das war etwas zu schnell für mich. Wie Sie sehen bin ich nicht mehr der schnellste. Und ich glaube ich sollte nach Hause, denn heute habe ich noch kein Nickerchen gemacht."

Beide lachten wir.

„Gut, dann sehen Sie zu, dass Sie nach Hause kommen und Morgen pünktlich um 5 Uhr in der Früh hier sind."

„Gut abgemacht. Ich verschwinde gleich, nur brauche ich noch ein Abendessen."

Ich bestellte mir rasch noch etwas und fuhr dann los. Zu Hause aß ich gleich, dann ging ich unter die Dusche und sofort ins Bett. Heute musste mein Rundgang um den Tisch ausfallen. Ich war zu müde und schlief auch sofort ein. Pünktlich um 4 Uhr wurde ich von meinem Handy geweckt. Nach meinem Morgenritual zog ich mich warm an. Die Fahrt zur Bäckerei wird um diese Zeit kalt sein. Es war dann auch so. Die Bäckerei hatte schon Licht. Es war aber niemand zu sehen. Ich fuhr trotzdem hinein, denn die Tür war offen. Der Raum war leer. So dachte ich. Auf einmal stand sie hinter der Theke.

„Guten Morgen. Sie sind aber pünktlich."

Sie hatte etwas hinter der Theke aufgehoben, deswegen hatte ich sie nicht sehen können.

„Wollen Sie noch einen Kaffee, damit Sie ganz wach werden?"

„Ja, bitte einen …"

„Latte, Nougat Crousons und Pizzascheibe", beendete sie meinen Satz.

„Wieso wissen Sie das?"

„Von Susi. Die erzählt mir immer alles Neue und das sie jeden Tag in der Früh kommen und meistens das gleiche mitnehmen. Sie ist zwar behindert aber trotzdem schlau."

„Ja das ist sie und auch sehr freundlich und nett. Ich weiß nicht, dass manche nur von der anderen Verkäuferin bedient werden wollen."

„Sind Sie schon darauf gekommen? Das ging aber schnell."

„Ja, ich habe Zeit zu beobachten und seitdem ich im Rollstuhl sitze, fällt mir noch mehr auf als vorher."

Inzwischen war sie mit meiner Latte fertig und brachte mir auch mein Crousons.

„Die Pizzaschnitte ist noch nicht fertig. Die kommt erst vor 6 Uhr aus dem Ofen. Das

Crousons ist leider noch von gestern. Ich hoffe, das macht nichts."

„Nein, wieso? Schmeckt auch einen Tag später noch gut."

Semmeln und Brot und anderes Gebäck lag schon in den Körben. Sie hatte sich auch einen Kaffee gemacht. Ganz schwarz, wie ich sehen konnte. Dazu … nichts. Ich sah sie fragend an.

„In der Früh brauche ich nur Kaffee, das mein Körper nachkommt, denn der liegt noch im Bett."

Ich lachte und sie setzte sich zu mir an den Tisch.

„Beginnen wir noch nicht mit dem Backen?"

„Nein erst etwas später. Ich dachte, wenn Sie etwas später kommen reicht es auch noch. Eigentlich erwartete ich, dass Sie verschlafen und erst nach 6 Uhr kommen."

„Wie Sie sehen bin ich pünktlich", und ließ mir mein Crousons schmecken.

„Außerdem kommen die anderen auch erst."

„Die anderen? Wer bäckt denn dann jetzt?"

„Natürlich mein Bäcker und sein Geselle. Die machen Brot, Gebäck und den Rest. Und für die Weihnachtsbäckerei habe ich Wichteln angestellt."

Jetzt hätte ich mich bald verschluckt.

„Wichteln?"

„Ja. Glauben Sie nicht an Wichteln?"

„Ja - nein. Ich meine, - die gibt es nur in Märchen und anstellen kann man die auch?", fragte ich verwirrt.

„Ich schon."

Lachte sie mich an oder aus? Da kam gerade die eine Verkäuferin herein.

„Guten Morgen Karin. Danke, dass du schon früher anfangen kannst."

„Guten Morgen Angela. Ist ja kein Problem für mich. Meine Kinder sind ja schon groß. Na, dann gehen wir es an. Und hast du noch jemanden zusätzlich aufgenommen?", sie zwinkerte ihr zu und lachte.

Danach ging sie sich umziehen. Wir waren fertig mit dem Frühstück. Jetzt war es mir auch schon warm geworden und zog mir meine Jacke aus. Sie nahm sie mir ab und hängte sie bei der Garderobe auf. Eigentlich sollte ich das machen. Wenn ich stand, war ich 175 cm groß. Also etwas größer als sie. Meine Haare mochte ich kurz und waren auch braun. Jetzt wollte ich gerne stehen und ihr in die Augen sehen.

„Sie geht sicher nicht verloren, Karin wird aufpassen darauf", sagte sie lächelnd.

Dann ließ sie mich bei der Tür neben der Küchentür hinein. Diese war anscheinend immer zugesperrt. Dort erwartete mich eine Überraschung. Es waren schon viele Personen hier. Diese waren schon fleißig.

„Hier sind meine Helfer. Am ersten Tisch links wird schon fleißig geknetet. Hier in der Mitte werden die fertigen Kekse mit Marmelade zusammengeklebt und/oder verziert. Und hier rechts werden sie ausgestochen, auf das Blech gelegt und gebacken. Dafür zuständig ist mein Bäckermeister Arnold Neuhold. Der muss hinten noch für den Verkauf fertig machen. Inzwischen vertrete ich ihn. Und du darfst hier beim Kekse kleben helfen. Susi kennst du ja schon, sie wird dir alles erklären. Und hier in der Backstube sind wir alle per du. Das wirst du noch bemerken", schob mich zu Susi, die aufstand und mich sofort umarmte.

„Guten Morgen Nik. Ich freue mich das du uns auch hilfst", und schon zeigte sie mir wie man die Kekse richtig klebt und was man macht, wenn man patzt.

Sie war eine strenge Lehrerin. Das hätte ich nicht gedacht. Ich gab mein bestes. Susi sagte, dass ich am Anfang ruhig langsamer arbeiten darf.

„Wie lange machst du das schon?", fragte ich sie nebenbei.

„Oh, Angela hat mit uns schon öfter gebacken, aber noch nie so groß."

Ich sah sie verwundert an.

„Bitte weiterarbeiten, sonst schimpft Angela."

Ich grinste. Ich glaube nicht, dass sie mit mir schimpfen würde, wenn ich nicht so schnell bin. Mit mir arbeiteten außer Susi, noch zwei Mädchen. Auch wie sie mit Down Syndrom. Drei kneteten die Teige, ein junger Bursche und zwei mit leichter körperlicher Behinderung. Eine ältere Frau wuselte noch von einem Tisch zum anderen. Hinter mir walkten schon drei andere fleißig die Teige, stachen Kekse aus und legten sie auf das Backblech. Sie hatten auch eine Behinderung. Wie wollte Angela da Kekse backen, mit so viel behinderten. Na-ja okay. Ich war auch behindert, aber anders. Angela gab sie inzwischen in den Ofen. Wie lange waren die heute schon hier, dass sie schon so viel gemacht hatten? Angela kam zu mir zurück.

„Na hat dich Susi gut eingewiesen?"

„Ja, ich denke schon. Schimpfen tut sie mit mir nicht. Aber wann habt ihr heute schon angefangen, dass ihr schon so weit seid?"

„Heute erst nach 5 Uhr. Wir haben gestern schon einen Probedurchlauf gemacht. Da wir die Öfen nicht kannten und es dieses Jahr hier das erste Mal machen, mussten wir sie mal austesten. Es verlief alles gut. Somit konnten wir gestern schon ein paar Kekse vorbacken und Teige auch schon vorbereiten."

Da wuselte gerade wieder diese ältere Frau vorbei.

„Das ist Frau Gradwohl, unsere Gerti"

Sie begrüßte mich kurz und lief dann auch schon weiter.

„Entschuldigung, aber ich muss den nächsten Teig richten", flugs und sie war schon weg.

„Ihr und ihrem Mann hatte die Bäckerei gehört. Ich habe sie ihnen abgekauft und renoviert. Jetzt hilft sie uns bei der Weihnachtsbäckerei."

„Aber wieso fängt ihr schon so früh an?"

„Weil jetzt die Öfen noch warm sind und alles gleich weiter gehen kann."

„Nein ich meinte, jetzt schon im November. Würde nicht im Dezember auch reichen?"

„Nein, weil die meisten am ersten Adventwochenende schon Kekse haben wollen. Der Osterhase wird ja auch nicht erst kurz vor Ostern gemacht, oder?"

„Nein, die fangen schon zu Weihnachten wahrscheinlich an. Und nach Ostern wahrscheinlich schon die Nikoläuse."

„Genau! Er hat es erfasst", jubelte Angela.

„Und wieso kennt sich hier schon ein jeder aus? Wenn ihr das, das erste Mal macht?"

„Nein nicht ganz. Ich habe schon öfter mit den Behinderten gebacken. Meistens bei ihnen oder letztes Jahr in einer Konditorei. Eine Freundin lies mich ein paar Tage mit ihnen backen. Und sie machen das gerne. Sind mit Leib und Seele dabei. Wie du siehst, arbeiten alle schon selbstständig."

Auf einmal leuchtete über der Tür eine rote Lampe.

„Oh das ist für mich. So erfahre ich, dass mich wer im Verkaufsraum braucht."

Angela ging zur Tür und öffnete sie. Ilse, die Betreuerin kam noch mit drei Leuten daher. Alle freuten sich und jubelten. Ilse trug noch eine Schachtel. Die nahm ihr Angela ab und sagte: „So ihr Lieben. Bitte um eine kurze Pause. Wascht euch die Hände und dann darf sich jeder ein Päckchen nehmen. Aber erst öffnen, wenn jeder seines hat."

Alle freuten sich und holten sich ihr Päckchen. Auch Ilse hatte eines und Angela hielt etwas versteckt hinter ihrem Rücken. Ich saß neben ihr.

„Bleib du bei mir, denn du warst leider nicht geplant."

So blieb ich neben ihr sitzen.

„Haben alle ihr Päckchen?"

„JA", riefen sie.

„Gut dann dürft ihr es öffnen", und schon öffneten alle ungeduldig ihre Päckchen.

Zum Vorschein kam bei einem jeden eine Rote oder grüne Zipfelmütze.

„Die dürft ihr immer aufsetzen, wenn wir hier Weihnachtskekse backen. Und somit ist die Wichtelbäckerei eröffnet."

Alle jubelten und auf einmal hatte ich auch eine auf meinem Kopf. Ich sah hoch zu Angela und sie setzte sich auch gerade eine rote auf.

„Weist du jetzt welche Wichtel ich angestellt habe?"

Ich nickte und grinste sie an.

„Aber keine Sorge. Es ist alles rechtens. Ich habe mich über alles erkundigt und meine Wichtel sind angemeldet. Und jetzt ist sie offiziell, meine Wichtelbäckerei. Ich kann und darf vom Heim mir Leute nehmen und sie anstellen. Das wollte ich schon immer", und ihre Augen leuchteten.

Da war mehr dahinter, als sie zeigte. Und jetzt war ich mehr als neugierig geworden. Die Behinderten vom Heim waren so lieb, so nett und freuten sich über so eine Kleinigkeit, wo andere nur ein müdes Lächeln dafür hatten. Ich habe sie anscheinend unterschätzt, so wie viele andere. Das musste ich ändern. Konnte ich das ändern? In mir war schon eine Idee und die würde ich auch versuchen umzusetzen. Natürlich musste ich noch etwas erkunden und meinen Chef davon überzeugen.

„Hallo Nik? Wo bist du mit deinen Gedanken?"

Angela wedelte mit der Hand vor meinen Augen herum.

„Oh Entschuldigung, ich war mit meinen Gedanken woanders."

„Das habe ich bemerkt. Ich dachte du schläfst schon wieder."

„Ich hoffe noch nicht. Ich will schon noch was arbeiten. Auch wenn ich nicht angemeldet bin."

„Wie willst du das wissen?"

„Na-ja, dazu brauchst du meinen Namen und meine Daten."

„Touché! Aber jetzt geht es trotzdem weiter mit der Arbeit."

Ich fuhr wieder zu meinem Platz. Susi grinste mich an und meinte: „Du hast einen Stein im Brett bei Angela."

Ich sah sie verwundert an.

„Das da drüben ist Martha und neben ihr, das ist Margret."

Beiden grinsten mich an und sagten: „Hallo."

„Hi. Ich bin Nik."

Susi sah mich an und meinte: „Nik passt nicht zu dir. Das hört sich fast so an wie Nikolaus. Ich sage Nikolaus zu dir."

Ich starrte sie an. Den Namen Nikolaus hatte ich noch nie gemocht, darum hatte ich ihn abgekürzt. Und jetzt wollte sie mich so nennen? Das wollte ich sofort ändern, doch meine zwei anderen Damen fielen in ihre Freude mit ein.

„Ja, Nikolaus. Das ist schön. Wir sagen auch Nikolaus."

Ich wollte schon anfangen mit ihnen zu diskutieren als Angela hinter mir war und mir zuflüsterte: „Streite nie mit Susi. Du ziehst den Kürzeren. Und die anderen helfen ihr. Also nimm es an, auch wenn es dir nicht passt, Herr Nikolaus."

Also wenn sie das sagte, musste das stimmen. Ich bat alle drei dann doch noch ganz höflich mich Nik zu nennen, aber alle schüttelten den Kopf und sagten Nikolaus weiter zu mir. Auch stellte sie mich den anderen als Nikolaus vor. Gerd, dem Gesellen hier, Fred ihrem „Freund", der beim Teig kneten war. Auch den anderen stellte sie mich so vor. Ich konnte nur mit den Zähnen knirschen und es erdulden. Gut das mich im Büro alle Nik nennen. Die würden mich sicher nicht so nennen. Also arbeitete ich brav weiter. Susi war zufrieden mit mir. Dazwischen stellte Angela für jeden ein Glas Wasser vor jedem hin. Wir durften sogar nebenbei ein paar Kekse naschen. Susi sah mich immer böse an, wenn ich einen essen wollte. Sie gab mir immer einen der nicht „Perfekt" war.

„Schöne essen wir nicht. Die verkaufen wir oder essen sie zu Weihnachten."

Was konnte ich dagegen sagen? Nichts! Also arbeitete ich weiter. Angela und Ilse halfen wo jemand Hilfe benötigte. Beim Kekse auflegen, Kekse aus dem Ofen, Mehl, Nüsse oder andere Zutaten bringen. Es war ein guter Trubel hier. Doch irgendwann übermannte mich der Schlaf. Ich konnte mich nicht wehren. Ich legte meine Arme auf den Tisch, lies den Kopf darauf sinken und war … weg. Ich merkte gar nicht wie Susi Angela holte. Die beruhigte Susi und lies mich schlafen. Ja diesmal schlief ich. Ich spürte eine schöne Wärme auf meinem Kopf, die über meinen Hals zum Rücken ging und dann weiter hinab bis zu meinem Po Anfang. Sie tat sehr gut und entspannte mich. Als ich aufwachte, grinste mich Susi an.

„Gut geschlafen?"

Das war mir jetzt etwas peinlich.

„Danke, ja. Aber das passiert mir öfter das ich einfach so einschlafe. Ich hoffe, dass gibt kein Problem."

„Nein. Angela sagte, dass du das nicht gewohnt bist, sooo früh aufzustehen und das du dazu noch krank bist. Aber weißt du, das du schnarchst?"

Die beiden anderen Mädchen kicherten sofort. Ja diese Leute waren offen ehrlich. Sie würden nie lügen, um für sich einen Vorteil daraus zu schlagen. Ich mochte sie immer mehr, obwohl ich früher auch lieber einen Bogen um sie machte. Und jetzt war ich einfach so aufgenommen worden. Sie sahen nur dich und ihnen war es egal wie „behindert" du bist.

„Ach unser Nikolaus ist auch schon wach. Gerade rechtzeitig für die Pause", sprach Angela hinter mir.

Sie klatschte in die Hände und rief: „Pause meine Lieben! Es gibt Kakao, Kekse und wer will kann sich etwas vom Geschäft holen."

Sofort machten die meisten Schluss. Einige machten noch Teig oder Blech fertig. Ich sah auf die Uhr. Es war schon 9 Uhr. Ja sie hatte in einem Recht. Ich war das sooo frühe Aufstehen nicht gewohnt. Aber wieso wusste sie von meiner Krankheit? Ich hatte hier nichts erzählt.

„So und wir beide trinken einen Kaffee zum Munter werden", und schon schob sie mich zum Geschäft.

Dort waren gerade die beiden Verkäuferinnen beschäftigt die Leute zu bedienen. Angela machte uns selber einen Kaffee. Ihrer schwarz und mir eine Latte. Die beiden Verkäuferinnen verkauften brav weiter. Wir setzten uns hinten hin, damit wir nicht störten. Einige tranken einen Stehkaffee und aßen rasch etwas dazu. Dann stellte mir Edith eine Pizzascheibe und Angela einen belegten Kornspitz hin. Aber wieso wusste sie das.

„Danke Edith", sagte sie zu dieser.

„Aber wieso wusste sie das?", und deutete auf mein Essen.

„Susi war kurz heraußen und versteckte für dich die Pizzascheibe. Es war die letzte bevor sie noch wer kaufte. Und sagte ihnen auch das du eine Latte trinkst. Und was ich gerne esse, wissen sie sowieso."

„Danke", sagte ich gerührt, „Aber das wäre nicht nötig gewesen. Ich hätte etwas anderes auch gegessen. Ich glaube, ich muss mal etwas anderes bestellen, sonst bekomme ich nur mehr das von Susi."

„Ja. Sie hat dich in ihr Herz geschlossen Nikolaus."

„Nein, bitte sage Nik zu mir. Nikolaus mochte ich noch nie. Ich weiß nicht wieso meine Eltern mich so getauft haben. Die meisten haben mich in der Schule gehänselt damit. Darum habe ich ihn abgekürzt und stelle mich immer mit Nik vor."

Sie sah mich in einer Mischung aus traurig, böse und enttäuscht an.

„Das wird Susi nicht gefallen. Sie hat dich sofort in ihr Herz geschlossen und sie würde sogar gegen einen Drachen kämpfen, für dich. Also erzürne sie nicht. Ich weiß was dann passiert."

„Könntest du dann nicht wenigstens, wenn wir alleine sind, Nik zu mir sagen?", fragte ich sie ganz traurig bittend.

„Nur wenn sie weit entfernt ist, Nik."

Sie hatte es gerade ausgesprochen und schon kam Susi aus der Backstube. Als hätte sie es mitbekommen.

„Wie geht es dir Nikolaus? Hast du dich schon gestärkt?"

„Ja danke, Susi. Und hast du dich schon gestärkt?"

„Nein noch nicht. Ich hole mir rasch noch etwas zum Essen. Und bleibst du dann noch oder gehst du schon?", fragte sie mich etwas traurig.

„Natürlich bleibe ich noch. So lange ihr mich braucht."

„Super!", rief sie erfreut und klatschte in die Hände.

„Kommst du nächste Woche am Montag wieder?", schob sie die nächste Frage hinterher.

Ich wusste jetzt nicht was ich sagen sollte. Angela half mir etwas aus der Zwickmühle.

„Susi. Nikolaus muss auch etwas arbeiten. Von Montag bis Freitag ist er in seinem Büro. Vielleicht, wenn er nicht zu müde ist, hilft er uns am Samstag wieder. Aber das können wir dir nicht versprechen."

Sie sah mich sooo traurig an. Sie erinnerte mich an wen, nur wusste ich nicht an wen.

„Susi, wenn es mir gut geht und ich nicht allzu müde bin, komme ich vielleicht am Samstag, wenn ich darf natürlich", und sah dabei Angela an.

„Ja das wäre super!", rief Susi und hüpfte schon vor Freude.

„Als ich dich eingeladen habe, wollte ich dich nur etwas ablenken und dir das Gefühl vom Kekse backen wiedergeben, wegen deiner Großmutter. Aber ich habe dich nicht gefragt, damit du mir ständig hilfst", wollte mir Angela aus dieser Situation helfen.

„Nein. Ich mache es gerne. Schon um Susi ihre strahlenden Augen zu sehen."

Damit verschwand Susi und mir fiel auch ein, an wen sie mich erinnerte.

„Hallo Nikolaus! Hallo Nik? Wo bist du schon wieder mit deinen Gedanken?"

Ich sah Angela an und sagte nur: „Jetzt weiß ich an wen sie mich erinnert."

Angela sah mich an und wartete auf eine Antwort.

„An wen?", fragte sie, als ich nicht weitersprach.

„An die Tochter meiner Nachbarin bei meinen Eltern. Ich glaube, sie war auch behindert. Sie war so ähnlich wie Susi, nur etwas jünger. So um die 10. Sie hieß glaube ich Hanna oder Sanna. Keine Ahnung mehr. Es ist schon so lange her. Sicher schon 15 Jahre. Ich schenkte ihr kaum Beachtung. War ja ein junger Bursche von 20 Jahren. Und dann zog ich weg. Ich weiß nicht was mit der Familie geschah. Mutter erzählte einmal, dass sie weggezogen waren."

„Wie hieß diese Familie?"

Jetzt musste ich überlegen. Obwohl sie unsere Nachbarn waren, wusste ich nicht sofort ihren Namen. Aber es war ja auch schon so lange her.

„Hieß sie vielleicht Pöltzl?", fragte mich Angela in meine Gedanken.

„Ja, ich glaube", dann starrte ich sie an, „Woher weißt du das?"

„Susis voller Name ist, Susanne Pöltzl."

Jetzt starrte ich sie nur an. Dann wirbelten meine Gedanken in meinem Kopf herum. Sollte sie dieses Mädchen sein? Ich aß still in mich gekehrt meine Pizzascheibe fertig.

„So wir sollten es wieder angehen. Oder willst du schon nach Hause?", fragte mich Angela.

„Nein, nein. Ich kann doch Susi nicht so enttäuschen. Das würde sie mir nie verzeihen, oder?"

„Nein, nur schwer", sagte Angela und lachte dabei.

Wir gingen dann wieder zurück. Sie zeigte mir dann wo die fertigen Kekse eingelagert wurden. Dort standen schon einige Schachteln gefüllt mit Keksen.

„Wie viele dieser Schachteln brauchst du?"

„Wir machen 15 Sorten. In jede Schachtel gehen ca. 5 Kilo."

„Das sind 75 Kilogramm. Und dann hast du genug?"

Sie konnte darüber nur lachen.

Was soll ich mit 75 Kilo. Die gehen weg, so schnell kannst du nicht sehen. Wir sind hier schon 15 Personen. Also 15 sind schon weg. Bleiben nur mehr 60 übrig. Dann habe ich schon meine Stammkundschaft von früher. Ca. 40 Leute. Und wenn die auch nur ein Kilo bestellen, bleiben nur mehr 20 übrig und die sind zu wenig für die Laufkundschaft."

„Wieviel brauchst du dann?"

„Also meine 40 Leute bestellen so ca. 3 kg im Durchschnitt. Die melden sich noch wieviel genau. Also das wären ca. 120 kg. Für die Laufkundschaft brauche ich auch ca. 2 kg pro Person. Wahrscheinlich mehr. Also auch 120 kg. Dann für das Heim 5 kg. Für dich 2 oder sind es jetzt schon mehr?"

Sie sah mich fragend an. Dann sprach sie weiter.

„Das wären dann ca. 250 kg. Genau weiß ich das erst Anfang Dezember. Bis dorthin sollten sich alle melden und auch die Laufkundschaft wird bis dort bestellt haben. Wieviel kann ich bei dir rechnen?"

„Ich glaube, du hast recht, ich werde 2 kg nehmen, so gut wie sie sind."

Jetzt lachte sie wieder.

„Na dann sollten wir weiterarbeiten, bevor Susi uns beide zusammenstaucht."

Beide gingen wir wieder zurück. Susi suchte mich anscheinend schon, denn sie sah immer nach mir.

„Susi ich bin ja schon da. Und jetzt geht es mit Volldampf weiter."

Ich nahm mein Messer und fing wieder an die Kekse zu schmieren. Danach bekamen wir Kekse zum Tunken. Es wurde noch viel gebacken und die Schachteln wurden immer mehr. 5 Schachteln waren schon im Lagerraum und heute kamen mehr als 5 dazu. Das wären dann ca. 70 kg. Also mehr als das Dreifache noch. Es waren noch drei Wochenenden zum Backen. Und unter der Woche machten sie auch noch welche. Dann sollte es sich ausgehen bis Anfang Dezember. Aber sie backte ja noch bis Mitte Dezember. Wer würde die alle essen?

Dann war es auf einmal Mittag und wir machten Schluss. Es wurde noch alles geputzt und weggeräumt. Dann gab es noch eine Überraschung. Angela hatte Pizza bestellt zum Mittagessen. Alle fielen wie eine Horde darüber.

Wir holten uns zum Schluss eine Pizza und aßen sie genüsslich.

„Du tust sehr viel für sie."

„Sie aber auch für mich."

Nach einer kurzen Pause sprach sie weiter: „Ich kenne sie schon jahrelang. Seitdem ich im Park saß und ich über ein Problem studierte. Susi kam auf mich zu und fragte wieso ich so traurig wäre. Ich sagte ihr, dass ich ein Problem habe und nicht weiß, wie ich es lösen kann. „Dann musst du dich beeilen mit deinem Problem, denn es wird bald regnen und dann wirst du nass, wenn du noch nicht weist was du machen sollst." Für sie war das so einfach. Ich sah ihr und ihrer Gruppe nach. Dann fiel es mir wie Schuppen von den Augen. Es war doch einfach. Seitdem kenne ich alle schon. Ich glaube das ist jetzt schon 6 Jahre her."

„Und was war dein Problem? Wenn ich fragen darf?"

Zuerst wurde sie traurig, dann sprach sie weiter.

„Ich sollte endlich loslassen. Hat mir mein Therapeut auch geraten. Nur lasse ich es ungern zu. Aber da du auch ein Problem mit dir herumträgst, wirst du mich verstehen."

Wir saßen in unserem Lieblingseck und die anderen störten uns nicht. Sie genossen auch die

Pizza. Angela holte noch ein Stück für einen jeden. Dann sprach sie langsam weiter.

„Ich hatte eine Tochter. Sie wurde nur fünf Jahre und war stark behindert. Ich hatte ein Medikament nehmen müssen, aber es gab Nebenwirkungen und dadurch wurde sie behindert. Ich sollte etwas arbeiten, doch was machte ich mit Luisa. Da kam Susi gerade zur rechten Zeit. Ich sprach mit der Leitung vom Heim. Sie nahmen sie gerne auf. So viel ich konnte, bezahlte ich auch für sie. Nahm mir ein Zimmer in der Nähe und konnte in Ruhe arbeiten gehen. Ich bin gelernte Konditorin und mache das gerne. Ein eigenes Geschäft war schon immer mein Traum. In meiner Freizeit half ich ihnen oft und backte auch oft mit ihnen. Sie liebten diese Zeit. Überhaupt zu Weihnachten. Ich machte das dann jedes Jahr. Sie freuen sich immer wieder darauf. Und jetzt habe ich selber eine Bäckerei und kann ihnen auch anderweitig helfen. Da nicht jedermann einen Behinderten aufnehmen will, kann ich das jetzt machen. Einige sind für 30 Stunden angemeldet, wie Susi, andere nur für 20 und ein paar als Aushilfen. Ich brauche ja auch jemanden zum Putzen. Und sie machen alles gerne, Hauptsache sie haben eine Arbeit. Und für Weihnachten brauche ich genug Leute. So ist das Heim nicht immer auf Almosen angewiesen, weil die Leute darin selber Geld verdienen."

Ich hörte ihr ruhig zu. Das war sicher nicht alles leicht für sie und für mich eine Ehre, dass sie mir das erzählte.

„Ich bewundere dich, du bist eine tolle Frau. Es sollte mehr Leute wie dich geben."

„Danke. Es tut mir gut, hin und wieder davon zu erzählen. So aber jetzt Schluss. Jetzt wird aufgeräumt und dann geht es ab nach Hause. Auch für dich."

Sie stand auf, klatschte in die Hände und rief: „So ich wünsche euch allen noch ein schönes Wochenende. Wer nichts mehr zu tun hat, der kann schon nach Hause gehen. Bis nächste Woche dann."

Auch ich war entlassen. Susi verabschiedete sich überschwänglich bei mir, so als würden wir uns nicht mehr sehen. Ilse bat ich kurz mir ihre Nummer und die des Heims zugeben. Sie fragte mich auch wieso. Das konnte ich ihr nicht sagen. Aber sie würde es rechtzeitig erfahren. Dann verabschiedete ich mich von allen und auch die anderen sagten Tschüss. Ich drehte mich noch kurz um und sah zurück. Angela stand noch in der Tür und sah uns nach. Ich winkte und sie winkte zurück.

Zu Hause angekommen, setzte ich mich auf meine Couch und drehte den Fernseher auf. Und fünf Minuten später war ich eingeschlafen. Ich wachte vor 17 Uhr auf, machte mir etwas zum Essen und setzte mich dann an den Computer, um mir das Video vom Handy runter zu laden, dass ich von Susi und ihren Freunden gemacht hatte. Ich schnitt einige Sequenzen zusammen und machte so zwei Videos für die Vorführung am Montag. Sie wollten etwas Besonderes und das konnte ich ihnen geben. Wenn es ihnen nicht gefiel, dann hatten sie Pech. Oder ich.

Danach duschte ich mich und machte noch eine Runde um meinen Tisch. Hinterher ging ich guten Mutes schlafen.

Sonntags konnte ich ausschlafen, gemütlich Frühstücken und ein Buch lesen oder etwas in den Park fahren. Ich ertappte mich selber, dass ich öfter an Angela dachte. Was sie jetzt wohl macht? Fragte ich mich immer. Aber das würde ich wohl nicht erfahren. Am Abend ging ich früh schlafen, denn ich musste montags wieder früh raus, bei meinem Bäcker vorbei und dann ins Büro. Um dort das Video zu laden und noch etwas zu verbessern, damit ich es fast perfekt zeigen konnte.

In der Bäckerei waren heute nur Edith und Karin. Das gab es doch nicht, ich vermisste Susi!

Apropos Susi. Das Heim musste ich auch noch anrufen. Ich nahm mir heute statt der Pizzascheibe einen belegten Kornspitz. Edith war nicht verwundert darüber.

„Bisschen Abwechslung muss wohl sein, oder?"

„Ja sicher", und fuhr weiter.

Im Büro angekommen erledigte ich alles und die anderen wunderten sich, als sie kamen, dass ich schon hier war. Nach 8 Uhr rief ich die Heimleiterin, Bruckner Gabriela, an. Ich erklärte ihr den Sachverhalt und bat sie jetzt schon um ihr Einverständnis, damit ich das schon vorab hatte, wenn es zu der Drehgenehmigung kommen sollte. Dann würde ich mich noch einmal melden. Und für sie würde ich so viel wie möglich rausschlagen. Sie sagte, es würde ihr schon reichen, wenn sie ein paar Spiele bekommen würden. Das würde schon reichen für eine kleine Weihnachtsfreude. Ich bin aber ein harter Verhandlungspartner.

Um 9 Uhr kamen die Leute wegen der Kampagne. Zuerst begrüßte sie Rudi und sprach noch mit ihnen, dann holte er Willi rein, der auch einen Vorschlag hatte. Dann durfte ich rein. Begrüßte sie freundlich und ging gleich auf mein Ziel los.

„Guten Tag die Herren. Sie sagten, Sie wollen etwas Besonderes. Ich habe etwas das ungewöhnlich ist. Also sehen Sie es sich mal in Ruhe an und denken Sie darüber nach. Das Video ist nur provisorisch gemacht. Wenn Sie es wollen, müssen wir neu drehen. Aber zuerst zu den Videos", ging ich sofort auf mein Ziel los.

Ich schaltete den Computer und den Beamer ein und spielte es ihnen vor. Mein Chef, der Rudi, schlug hinter ihnen die Hände zusammen. Er sah seine Felle schon davon schwimmen. Ich blieb ruhig. Sie sahen es sich in Ruhe an. Zuerst wollte ich den Raum verlassen, damit sie sich beratschlagen können. Doch sie gingen raus, damit ich nicht rausfahren musste. Rudi kam auf mich zu.

„Bist du verrückt geworden? So etwas zu zeigen. Wo hast du das Video denn her und diese Leute das Spiel?"

„Das Spiel habe ich ja bekommen zum Probieren. Und weißt du was? Die Spielanleitung war zum Kotzen. Dann kam Susi und ihre Freunde, die setzten sich hin und spielten einfach, ohne eine Spielanleitung zu lesen. Und weißt du was? Es machte ihnen riesigen Spaß. Das hast du ja im Video gesehen."

Rudi konnte es trotzdem nicht fassen.

„Das klappt nie! Nik."

Es dauerte nicht lange und sie kamen zurück.

„Können Sie es schaffen, dass Sie bis Montag das fertige Video und die ganze Kampagne fertig haben?"

„Ja, das Schaffen wir", sagte ich rasch vor Rudi.

„Gut dann haben Sie den Auftrag. Und ich wünsche mir eine fertige Kampagne am Montag, ohne Wenn und Aber. Und sollte die Werbung einschlagen wie eine Bombe, dann können Sie sich etwas wünschen."

„Danke. Ich werde darauf sicher zurückkommen."

Dann verabschiedeten sie sich und ich fuhr zurück zu meinem Platz. Rudi stand wie ein begossener Pudel da. Ich rief unseren Kameramann an und machte mir mit ihm einen Termin aus. Mittwoch hätte er Zeit und er solle gleich drei Kameras mitnehmen und genug Leute. Danach rief ich Frau Bruckner an und sagte ihr, dass wir am Mittwoch um 8 Uhr bei ihr eintreffen würden. Es sollen alle anwesend sein. Denn wir würden einen Film drehen für eine Werbung. Sie konnte sich zwar darunter nichts vorstellen und auch nicht was sie machen wollten. Aber das würde von alleine kommen.

Mittwoch holte mich das Kamerateam ab und wir fuhren zum Heim. Die Kameraleute waren auch verwundert. Ich sagte ihnen, sie sollen offen sein für alles und das Machen was ich ihnen sage. Zuerst begrüßte ich Frau Bruckner und sagte ihr, dass wir einen großen Raum brauchen. Sie führte uns ins Spielzimmer, aber das war zu dunkel. Somit bauten wir den Speisesaal um, der war auch groß, hell und viel mehr Platz. Wir bauten drei Kameras mit Stativen an je drei Tischen auf. Dazu hatten sie noch drei tragbare Kameras.

„So jetzt zu euch", sagte ich zu den Kameramännern, „Es gibt keine Anweisungen und wir können nur einmal drehen. Das sind keine normalen Statisten wie ihr es gewohnt seid. Ihr nehmt alles auf, egal was. Später können wir dann alles zusammenschneiden. Seid nicht geschockt oder erschreckt euch nicht. Es wird laut werden und lustig. Und keine Angst. Es beißt euch keiner."

Ich hatte mir noch drei Spiele ausgeborgt und sie eingepackt, wie an Weihnachten. Frau Bruckner hatte die schlaueren Personen zusammengeholt und erklärte es ihnen so gut es ging. Dass da drinnen ein Geschenk auf sie wartet. Sie sollen brav an die Tische gehen und sich hinsetzen, dann würde ich ihnen die Geschenke geben und dann dürfen sie spielen."

Gesagt getan. Sie kamen schon in einem Rudel rein. Es waren drei Tische mit je vier Stühlen gerichtet. Sie setzten sich rasch und dann gab ich auf jeden Tisch ein Paket. Die Kameras liefen ab dem Moment wo sie zur Tür rein kamen. Sie öffneten es rasch und freuten sich riesig über das Geschenk. Die Spielanleitung wurde sofort auf die Seite gelegt. Dann fingen sie freudig an zu spielen. Die Kameraleute sahen nur verwundert drein und filmten alles was sie erwischten. So wie ich es ihnen gesagt hatte.

Ein Junge, den die Heimleiterin Norbert nannte, interessierte sich mehr für die Kameras und war immer mehr dahinter als davor beim Spielen. Willi musste immer auf ihn aufpassen. Dadurch fiel er aus mit dem Filmen. Das übernahm ich dann. Nach zwei Stunden waren wir fertig und auch die Kinder mit ihrem Spiel. Sie durften die Spiele natürlich behalten. Dafür umarmten mich alle und dann machten wir noch ein Gruppenfoto. Alle mit Daumen hoch.

Frau Bruckner lud uns dann noch zum Mittagessen ein. Eigentlich wollten wir schon wieder weg. Doch sie bestand darauf, so wie die anderen Heimbewohner. Also luden wir unsere Ausrüstung ins Auto und nahmen das Angebot an. Es wurde sehr lustig, denn Norbert blieb immer in der Nähe des einen Kameramanns, Willi. Frau Bruckner erklärte ihm, dass die Behinderten sich meistens jemanden aussuchen, der sozusagen für ihn wie ein Pate ist. Ob der es annehmen will oder nicht.

„Und so sind Sie für ihn wie ein Pate. Jetzt wird er andauernd fragen, wann Sie wiederkommen", und lächelte ihn an.

Das passte Willi nicht. Er musste ihm sogar versprechen ihn wieder zu besuchen und wieder mit der Kamera zu kommen. Das gefiel Willi ganz und gar nicht. Ich konnte nur grinsen. Wir fuhren inzwischen schon nach Hause.

„Grins nicht so blöd, du hast nur Glück, dass sich keiner an dich ran gehängt hat."

„Willi. Da kommst du schon zu spät. Diese Leute arbeiten in einer Bäckerei, die neu übernommen und renoviert wurde. Und dort arbeitet ein Mädchen, das mich gleich adoptiert hat. Also habe ich schon ein „Patenkind"."

Jetzt starrte er mich verwundert an.

„Du hast schon so etwas wie ein Patenkind?"

„Nein eigentlich umgekehrt. Sie hat mich adoptiert und bemuttert mich immer. Sie sieht zu, dass ich immer meinen Kaffee bekomme und mein Essen. So wie letzten Samstag beim Backen."

UPS! Das wollte ich nicht erzählen. Aber jetzt war es raus.

„Backen? Du bäckst?"

„Ja, wir haben Weihnachtskekse gebacken. Die Chefin von der Bäckerei hat mich dazu eingeladen, weil ich von meiner Kindheit mit meiner Großmutter erzählt habe."

„Und da hast du wirklich Teig gemacht, ausgerollt und gebacken?"

„Nein, ich war nur bei der Klebertruppe."

„Klebertruppe?"

„Ja, wir haben die Kekse mit Marmelade zusammengeklebt."

Inzwischen waren wir bei meinem Büro angekommen. Die anderen waren schon in ihr Büro gefahren. Willi half mir mit den Bändern. Wir verzogen uns gleich in den Schneideraum und sahen uns unsere Arbeit an. Wir zogen einige Bilder für Plakate, dann suchten wir gute und schöne Stellen, die wir für die Werbung nehmen konnten. Wir fanden viel zu viele. Zuerst machten wir ein Band mit den Besten Szenen zum Ansehen. Willi konnte ich noch sagen, welche Szenen ich für die Werbung wollte, dann wurde es für mich zu viel und ich schlief ein. Willi ließ mich schlafen und arbeitete weiter. Nach einer guten Stunde wurde ich wach.

„Na du müder Patron. Ausgeschlafen?"

„Ja, danke dass du mich schlafen hast lassen."

„Hätte mir gar nichts gebracht, wenn ich dich wachgehalten hätte."

„Und wie weit bist du gekommen?"

„Weiter als ich gedacht habe. Habe die alten ausgetauscht und die neuen dafür reingenommen. Die meisten Texte bleiben doch. Und das andere müssen wir noch neu dazu sprechen. Aber das können wir morgen erledigen."

Jetzt klopfte es.

„Herein", sagte Willi.

Es kam jemand vom Chinesen und brachte etwas zum Essen.

„Wann hast du das bestellt?"

„Während du schliefst", und lachte.

Das war ein Film und wollte mich mit dem aufziehen. Er wollte gerade das Essen bezahlen als der Junge sagte: „Danke, ist schon bezahlt."

„Von wem?"

„Von einem Mann im grauen Anzug. Wer er ist, weiß ich nicht", drehte sich um und ging.

Das konnte nur Rudi gewesen sein. Wir genossen das Essen jetzt doppelt. Dann arbeiteten wir weiter. Willi zeigte mir was er schon gemacht hatte. Ich machte mir Notizen, was wir dazu sagen konnten. Drei Werbungen schafften wir. Mit dem Material was wir hatten, konnten wir noch zwei machen. Aber das musste bis morgen warten. Es war schon spät geworden. Zu Hause machte ich zuerst meine Runde um den Tisch, dann duschen und danach ins Bett. Am nächsten Morgen wurde ich zur normalen Zeit wach. Holte mir wieder etwas vom Bäcker. Susi kam sofort auf mich zu und umarmte mich.

„Wo warst du denn gestern? Ich hoffe, du bist nicht krank."

„Nein. Ich hatte nur etwas anderes zu tun. Darum kam ich nicht hierher."

Sofort machte sie mir mein Essen. Dann fuhr ich weiter zum Büro. Dort erwartete mich Rudi schon ungeduldig.

„Ich hoffe, du weißt was du machst, Nik. Versau es nicht."

„Ganz sicher nicht. Es wird ein voller Erfolg", und fuhr weiter.

Willi kam kurz nach mir. Dann arbeiteten wir mit Hochdruck weiter. Mittags gingen wir essen. Danach fiel ich wieder ins „Koma", wie es Willi nannte. Als ich wieder zu mir kam, hatte Willi alle Werbungen fertig. Danach kamen sie ins Studio, wo dann alles dazu gesprochen wurde und Musik dazukam als Untermalung. Wir hatten den Text schon vorher geprobt. Jetzt fieberte ich dem Rest entgegen. Dann konnte ich alles auf einen Stick speichern. Auch auf meinen Computer. Ich wollte das auch im Heim zeigen. Da wir so fleißig waren, konnte ich mir Freitag frei nehmen. Ich wollte am Freitag wieder bei Angela backen.

Sie freuten sich alle als ich um 6 Uhr auftauchte. Ganz besonders Susi, die heute leider im Geschäft arbeitete. Auch Angela war überrascht.

„Das hätte ich nicht erwartet", meinte sie", „Vielleicht das du morgen kommst, aber heute?"

„Ja, ich komme heute und auch morgen. Es gefällt mir Kekse zu machen."

„Und wirst du heute auch schlafen?"

Ich wurde verlegen.

„Ich glaube schon, dass ich den Tag nicht ohne ein Nickerchen schaffe."

Es freuten sich dann alle, dass ich wieder hier war. Angela zeigte mir dann noch rasch, was sie schon alles gemacht hatten. Es war schon viel dazu gekommen. Auch Norbert war da und fragte sofort nach Willi. Leider musste ich ihn etwas enttäuschen. Irgendwie musste ich Willi dazu bringen, noch einmal zu ihm zu kommen. Aber wie wusste ich noch nicht. Angela sah mich irritiert an.

„Wer ist Willi?"

„Willi ist ein Kollege von mir. Wir waren bei Norbert im Heim und drehten ein Video für eine Werbung. Wenn es klappt, werden sie berühmt werden."

Angela sah mich verwundert an.

„Das würde ich gerne sehen. Geht das überhaupt?"

„Derzeit nicht, aber wenn die Firma das Okay gibt, kann ich es Ihnen vorspielen. Ich meine alle im Heim. Natürlich darfst du es auch mitansehen."

Dann wurde wieder fleißig gearbeitet. Heute waren wieder viele Helfer da, wie letzten Samstag. Diesmal hielt ich bis zum Mittag durch. Und heute hatte Angela, Schnitzel mit Pommes organisiert zum Essen. Denn so etwas konnte sie in ihrer Küche nicht machen. Susi betreute mich wieder brav mit Kaffee und Getränken. Danach verschlief ich wieder in meiner Ecke. Als ich wach wurde, hörte ich Susi kichern. Sie war noch im Geschäft und half. Danach halfen wir beide wieder in der Backstube. Leider, das lange sitzen tat meinem Rücken nicht gut. In der Firma konnte ich mich öfter anders hinsetzen und so weiterarbeiten. Aber hier leider nicht. Angela merkte das und kam zu mir.

„Verspannt?",

„Ja und wie!"

Sie legte ihre Hände auf meinen Kopf und fing an ihn zu massieren. Dann fuhr sie langsam über meinen Nacken. Massierte dort auch kurz, dann fuhr sie langsam meinen Rücken hinunter. Und dann kam diese Wärme wieder, die ich schon einmal gespürt hatte, als ich geschlafen habe. Es tat unheimlich gut. Aber von woher kam diese Wärme? Leider konnte ich mich nicht bewegen. Ich war wie gelähmt. Es dauerte sicher ein paar Minuten, bis ich meine Knochen alle wieder spürte. Ich sah mich um und Angela war weg. Susi lächelte mich an und sagte verschwörerisch: „Angela hat warme Hände. Doch sie wird hinterher immer müde."

Ich verstand das nicht und musste das erst verarbeiten. Ja, das Arbeiten ging dann wieder gut. Ich sah Angela länger nicht. Wo war sie hingekommen? Kurz vor 16 Uhr tauchte sie wieder auf und machte ihre Arbeit. Nach 17 Uhr wurde wieder geputzt, damit alle um 18 Uhr Schluss machen konnten. Edith hatte mit dem übrig gebliebenen Gebäck eine Jause für alle gemacht. Jeder durfte sich etwas mitnehmen, ohne etwas zu bezahlen. Angela sah auf ihre Angestellten. Ich wollte sie noch etwas fragen, doch sie wich mir immer aus.

Samstag kam ich natürlich auch wieder. Da erwartete mich eine Überraschung. Willi stand vor der Bäckerei.

„Was machst du denn hier?", fragte ich ihn überrascht.

„Guten Morgen heißt das erst mal. Und du hast mich, erstens neugierig gemacht. Und zweitens hat mich meine Freundin gedrängt, diesen Norbert zu besuchen. Sie meinte das sind liebe Menschen, nicht so wie andere es darstellen, die sie wie Aussätzige behandeln. Ich solle mich geehrt fühlen. Ich fühle mich nicht geehrt. Ich fühle mich beschissen und gezwungen."

„Komm lass das Gesülze und lass uns rein gehen. Hier ist es kalt", und schon fuhr ich in die Bäckerei.

Susi war schon da und begrüßte mich sofort. Auch bekam ich sofort meinen Kaffee. Es war noch nicht viel los. Dann erst fragte sie Willi was er wollte. Er bezahlte beide Kaffees. Dann klingelte Susi damit mir die Tür geöffnet wird. Als auch Willi mitgehen wollte, hielt sie ihn zurück.

„Susi, bitte lass ihn rein. Er gehört zu mir."

Auch Angela sah mich verwundert an. Dann rief jemand laut: „Willi! Willi! Komm her, ich zeige dir alles", und schon zog Norbert Willi in die Backstube.

Angela sah mich noch mehr verwirrter an. Ich erlöste sie.

„Norbert hat Willi beim Dreh kennen gelernt und ihn sofort adoptiert. Und jetzt hat ihn seine Freundin verdonnert mit ihm etwas zu unternehmen. Und so ist er hier aufgetaucht."

„Aha!", sagte sie und lächelte.

Sie hatte ein besonderes lächeln. Ich sah sie gerne so, doch es gab zu wenig Gelegenheiten dafür. Um Willi brauchten wir uns nicht kümmern, der hatte schon jemanden der für ihn sorgte. Norbert trieb den Teig aus und stach die Kekse aus. Er tadelte Willi sofort, als er die Kekse nicht in Reih und Glied legte oder sie „verunstaltete". Ja so heikel waren Angelas Angestellte. Das hatte ich ja schon selber am eigenen Leib gespürt, mit Susi. Der Tag verlief super, zumindest für mich. Willi wurde von Norbert ganz vereinnahmt. Der ging völlig geschafft aus der Bäckerei. Er brauchte kaum ein Essen. Heute hatte Angela Hot Dog und Hamburger organisiert. Das schmeckte allen. Ich aß von jedem eines. Dass ich dann einschlief, merkte ich gar nicht. Bis alle fertig waren und das Geschäft geputzt, war ich auch wieder ausgeschlafen. Jetzt wurde ich schon selber böse auf mich, dass ich immer wieder hier einschlief. Angela sagte nichts dazu, aber ich wollte sie noch etwas fragen. Bevor ich fuhr, schnappte ich mir ihre Hand und wollte sie auf die Massage ansprechen. Doch so schnell konnte ich nicht schauen, entzog sie mir auch schon wieder ihre Hand. Ein unbeschreiblicher Schauer durchfuhr meinen Körper.

„Bitte nicht", sagte sie und stellte sich etwas von mir entfernt hin.

Was war das denn jetzt. Das verstand ich schon gar nicht.

„Kannst du mir sagen, was das für eine Massage gestern war?"

Sie sah mich traurig an und verschränkte ihre Arme vor ihrem Körper.

„Nik. Nicht jetzt. Es geht nicht", und schon suchte sie das Weite.

Was hatte das zu bedeuten? Ich fuhr mit diesem Gedanken nach Hause. Wieso war sie auf einmal so abweisend? Ich setzte mich auf meine Couch und dachte noch darüber nach. Dann stellte ich mir noch einmal die Massage vor. Wie sie mir den Kopf massierte, den Hals den Rücken. Eine wohlige Wärme durchflutete mich. Fast genauso als sie mich massiert hatte. Dann durchfuhr mich ein Stich. Der war nicht toll gewesen. Ich war kurz bewegungsunfähig. Aber sie kam wieder zurück. Als ich auf die Uhr sah, war es schon 17 Uhr. Um 15 Uhr hatte ich mich auf die Couch gesetzt. Somit musste ich wieder geschlafen haben. Da ich jetzt gut geschlafen hatte und voller Tatendrang, machte ich gleich meine Runde um den Tisch. Es ging wie geschmiert. Und weil es mir noch gut ging, machte ich noch eine Runde. Ich fand das Super. Doch dann brauchte ich trotzdem eine Pause. Danach machte ich mir etwas zum Essen und sah noch kurz fern, bevor ich schlafen ging.

Sonntags war mein Entspannungs- und Erhol Tag. Doch diesmal kam ich nicht viel zum Entspannen. Nach dem Frühstück setzte ich mich an meinen Computer. Es ließ mir keine Ruhe und musste im Internet über „warme Hände" suchen. Warme Hände war nichts anderes als heilende Hände, oder auflegen der Hände. War sie eine Heilerin? Wollte sie das verheimlichen? Ich stellte mir jede Situation vor. Sie gab selten jemandem die Hand oder umarmte selten jemanden. Nicht einmal die Heimbewohner, obwohl die es oft und gerne machten. Also musste da ein Funken Wahrheit wo sein. Aber sie fragen? Dann fiel mir ihr Gesicht ein: „Nik. Nicht jetzt. Es geht nicht", und sie war sehr traurig. Fürchtete sie zu viel preisgegeben zu haben? Ich wollte gerade meine Runde um den

Tisch machen, um auf andere Gedanken zu kommen, als es an der Tür läutete. Wer konnte das sein? Sonntags bekam ich nie Besuch. Es war Willi und der war nicht alleine. Seine Freundin Beatrice war mit.

„Hallo. Was verschafft mir die Ehre des Besuches an meinem heiligen Sonntag?"

„Sie ist schuld!", stieß Willi sofort hervor.

„Guten Morgen heißt das zuerst", konterte ich so wie er gestern.

„Hallo Nik", sagte Beatrice, „Entschuldige die Störung. Aber was ist gestern passiert? Willi erzählt nichts und er ist so verschlossen."

Ich sah von einem zum anderen. Willi war nicht begeistert von ihrem Besuch bei mir. Das sah ich sofort. Beatrice war das Gegenteil. Überaus neugierig. Ja, Frauen waren von Haus aus neugierig und eine Reporterin doppelt.

„Ist das wirklich wahr, dass dort ausschließlich geistig Behinderte arbeiten? Das kann ich mir nicht vorstellen", schoss sie sofort auf ihr Ziel los.

„Dann musst du dich selber umsehen dort. Frag einfach Angela und sieh es dir an. Du bist doch Reporterin und kannst sie interviewen. Das wäre sicher eine gute Werbung für sie und für die Behinderten, die dort arbeiten. Dass sie nicht so dumm und blöd sind wie alle glauben. Ich wurde auch schon eines Besseren belehrt. Und den Rest kannst du dir selber ansehen."

„Ja und wie erreiche ich sie? Hast du ihre Nummer?"

„Nein die Nummer habe ich nicht, denn ich rufe ja nie die Bäckerei an. Ich fahre immer nur hin und hole mir Gebäck. Und man wird dort sehr nett bedient. Es gibt zwei Verkäuferinnen und Susi. Sie hat das Down Syndrom, aber ein sehr nettes Ding. Wenn sie dich ins Herz geschlossen hat, lässt sie dich nicht mehr aus."

„So wie dich!", sagte jetzt Willi wieder etwas.

„Und Norbert dich", entgegnete ich.

„Wer ist eigentlich Norbert. Willi jammert andauernd das er wie eine Klette ist."

„Ja weil Norbert ihn „adoptiert" hat. Und nicht umgekehrt. Er hätte ihn nie angesehen. Aber beim Dreh für die Werbungen wich er kaum von Willis Seite."

Das kostete ihm ein knurren.

„Da werde ich ja immer neugieriger. Werbung für was?"

„Für ein Kinderspiel. Ich wollte es mir in der Bäckerei ansehen und las die Spielanleitung durch. Doch ich kam auf keinen grünen Zweig. Die war so blöd geschrieben. Ich legte sie sofort weg und sah mir das Spiel an. Dann kam gerade

Susi. Und neugierig wie sie ist, besah sie sich das Spiel und auf einmal spielten wir damit. Dann kamen zwei ihrer Freunde und die spielten einfach mit. Ich sah es mir dann nur an und filmte es sogar. Und die Werbekampagne, die sie aufgestellt hatten, gefiel dem Kunden nicht. Ich versprach ihm eine bessere. Und somit waren wir am Mittwoch im Heim und drehten dort. Wir haben schon alles zusammengeschnitten und die ganze Kampagne ist fertig. Sie muss nur noch dem Kunden gefallen und ich bin mir sicher, die wird wie eine Bombe einschlagen."

„Dann zeig mal her!"

„Nein. Bevor es der Kunde nicht gesehen hat, dürfen wir es auch keinem anderen zeigen. Aber ich kann dir das Video zeigen, dass ich gemacht habe."

Schon nahm ich mein Handy und zeigte ihr es. Sie war selber voll auf begeistert.

„Und das verschweigst du mir?", sagte sie zu Willi.

Der zuckte nur mit den Achseln.

„Das könnte ein guter Artikel werden. Also muss ich morgen sofort zu dieser Bäckerei gehen und diese Frau interviewen, die sich traut, solche Menschen anzustellen. Und dann noch die Werbekampagne! Also muss ich diesen Mann auch noch interviewen."

„Halt, halt, langsam. Zuerst muss sie ihm gefallen und dann kannst du das Machen. Ja, die Bäckerei kannst du schon bewerben, aber noch nichts über die Kampagne. Die muss erst raus sein. Und dann kannst du diesen Mann interviewen. Vorher gibt es keinen Namen."

Sie sah Willi an.

„Willi! Du wirst doch nicht …!"

„Ist mir rausgerutscht."

Ich schüttelte nur den Kopf.

„Bitte tu mir den Gefallen und erzähle nirgends von der Werbung", bat ich Beatrice, „Ich werde ihn darauf ansprechen und dann, wenn er will kannst du ihn interviewen. Versprochen?"

„Okay versprochen! Das sieht nämlich nach einer guten Story aus. Und nicht nur nach einer!"

„So und dafür lade ich dich jetzt zum Essen ein."

„Das musst du nicht. Ich kann mir selber etwas machen."

„Nein. Du kommst mit. Ansonst versauerst du hier noch."

Sie ließ sich nicht abwehren.

Montag holte ich mir wieder mein Gebäck und meine Latte. Danach fuhr ich ins Büro, richtete alles her und kontrollierte die Videos noch einmal. Pünktlich um 9 Uhr kam der Kunde, Herr Pöller Joachim. Diesmal alleine ohne seinen Anhang.

„Und haben Sie alles fertigbekommen?"

„Ja, sicher Herr Pöller. Guten Tag, übrigens."

Rudi wurde immer nervöser, je mehr ich alles in die Länge zog.

„Guten Tag, auch. Und wie sieht es aus. Spannen Sie mich nicht länger auf die Folter, Herr Renner."

„Zuerst will ich Ihnen noch unser Video zeigen, bevor ich Ihnen die Werbevideos vorführe. Am liebsten würde ich Ihnen ja die ganzen 6 Stunden zeigen, aber so lange haben Sie sicher keine Zeit. Darum haben wir die besten Szenen zusammengeschnitten. Das müssen Sie mir schon erlauben, bevor ich Ihnen dann alles zeige."

„Gut ausnahmsweise. Weil Sie es sind", meinte er ergeben.

Ich führte ihm das kleine Video vor. Zeitweise kam er aus dem Lachen nicht raus. Zum Schluss sagte er: „Wenn die Werbevideos nur halb so gut sind, haben Sie es geschafft."

Rudi sah überrascht aus. Dann spielte ich ihm mal das erste Video vor. Jetzt war ich auch gespannt, wie er reagieren würde. Als es aus war, starrte er immer noch darauf. Dann zeigte er mir an, dass ich das nächste abspielen sollte. Ich zeigte ihm das nächste. Er hatte sich richtig gut im Zaum. Nach dem zweiten wusste ich nicht recht, wollte er lachen oder weinen. Ich wartete noch auf eine Reaktion oder Antwort.

„Gut. Haben Sie noch eines?"

„Ja sicher", und spielte das dritte ab.

Als es aus war, fing er an zu Klatschen. Das hieß viel.

„Gut gemacht! Wirklich gut. Das ist besser als ich erwartet habe. Und was ist mit den Werbeplakaten?"

Rudi schob den Ständer nach vor und hob das erste leere Blatt hoch. Dort sah man wie drei Leute um das Spiel sitzen und sich freuen. Mit dem Slogan. „Kannst du das auch was ich kann?"

Beim nächsten Blatt sah man im Vordergrund das Spiel und dahinter wie sie gerade rein stürmen. Mit dem Slogan: „Haben keine Zeit zum Warten."

Beim dritten Bild spielen sie gerade und zwei deuten gerade mit dem Daumen hoch. Mit dem Slogan: „Das ist spitze ohne Spielanleitung."

Zuerst war Herr Pöller noch still, dann stand er auf und sagte: „Wunderbar. Das wird einschlagen. Und wenn jemand wieder etwas gegen Behinderte sagt, dem werde ich dann auch etwas sagen. Wie lange haben Sie daran gedreht? 6 Stunden?"

„Nein eigentlich nur zwei. Wir haben drei Kameras aufgestellt und mit drei sind wir herumgegangen. Ich weiß, man kann mit ihnen nicht alles fünfmal machen, bis es sitzt. Darum auch die vielen Kameras, um recht viel aufzunehmen. Und es hat sich ausgezahlt."

„Ja das sieht man. Und es ist wunderbar wie glücklich sie sind. Das Video war eine gute Idee. Sie haben mir etwas gezeigt, was ich schon lange vergessen habe. Wie glücklich man über Kleinigkeiten sein kann. Danke. Und wenn es ein Erfolg wird, können Sie von mir verlangen was Sie wollen. Sie haben einen Wunsch frei."

„Das kann ich Ihnen jetzt schon sagen. Schenken sie dem Heim ein paar Spiele für Weihnachten. Vielleicht können Sie auch etwas Geld spenden. Sie brauchen es dringend für Reparaturen. Und dann habe ich noch eine Bitte. Eine Freundin von mir ist Reporterin und die hat von ihrem Freund, der unser Kameramann ist, gehört das diese Behinderten in einer Bäckerei arbeiten. Sie will darüber eine Reportage machen. Auch darüber wie wir die Werbung gemacht haben und natürlich Sie auch interviewen. Darf ich ihr, Ihren Namen geben? Sie wird sich mit Ihnen in Verbindung setzen."

„Nein."

Jetzt starrte ich ihn an.

„Nein. Sie geben mir ihren Namen und Nummer und ich werde mich bei ihr melden."

Ich schrieb sie ihm sofort auf und auch die Adresse des Heims.

„Danke. Sie haben wirklich eine Super Kampagne gemacht."

Er wollte schon gehen, da fragte ich noch: „Wollen Sie nicht noch die zwei anderen Werbevideos sehen?"

Er blieb sofort stehen.

„Noch zwei? Sie haben noch zwei gemacht?"

„Ja sicher, warum nicht? Ich hatte ja genug Material."

Er setzte sich noch einmal und ich startete die Videos.

„Super! Wirklich Super! Wenn da jetzt nicht das Weihnachtsgeschäft läuft, dann weiß ich nicht, und für später haben wir dann auch schon Videos. Danke. Schicken Sie mir die Rechnung."

Jetzt ging er endgültig. Und Rudi war immer noch sprachlos.

„Und was sagst du jetzt?"

„Gar nichts", und ging in sein Büro.

Ich rief Willi an und erzählte ihm alles. Der war auch überrascht das es ihm so gut gefallen hat. Somit hatte ich jetzt frei. Momentan hatte ich nichts neues zum Erledigen. Jetzt konnte ich genüsslich einen Kaffee trinken. Es war halb 11 und noch nicht viel los in der Bäckerei. Karin brachte mir eine Latte und einen belegten Kornspitz. Danach aß ich noch einen Nougat Crousons. Als ich schon fahren wollte, kam gerade Beatrice mit Angela aus der Backstube. Dann hatte sie ja schnell das Interview umgesetzt. Sie kamen gerade lachend heraus.

„Hello ihr beiden. Wie ich sehe unterhaltet ihr euch gut."

Jetzt erst sahen sie mich.

„Nik! Was machst du denn schon hier?", fragte mich sofort Beatrice, „Ich dachte du bist bei deiner Vorführung."

„Die ist schon zu Ende und war ein voller Erfolg."

„Und das hier wird sicher auch ein Erfolg. Ich komme Freitag wieder hierher um die Wichtel zu fotografieren, wie sie backen. Kommst du auch?"

„Weiß ich noch nicht. Mal sehen was ich jetzt für eine Arbeit bekomme und ich fürchte es wird mir etwas zu viel werden, jedes

Wochenende hier noch backen helfen. Obwohl ich es gerne mache. Ich kann nichts versprechen, vielleicht komme ich wieder am Samstag."

Es war schon schön hier zu helfen, doch war es sehr anstrengend für mich.

„Du musst am Freitag doch nicht den ganzen Tag helfen. Aber ich zwinge dich auch zu gar nichts. Du bist freiwillig gekommen. Und ich freue mich über jeden freiwilligen. So wie die anderen", meinte Angela.

„Ja so wie Susi und Norbert", und alle drei lachten wir.

Angela bestellte für uns drei noch einmal Kaffee und Susi brachte uns auf einem Teller Weihnachtskekse. Die umarmte mich sofort und fragte auch gleich: „Kommst du wieder am Freitag?"

„Das meinte ich!", aber die beiden Frauen lachten nur, „Mal sehen Susi wie es mir geht und ob ich viel Arbeit habe."

Etwas beleidigt zog sie ab. Beatrice hatte auch schon die Kamera gezückt und schoss ein Foto von uns beiden.

„Gast adoptiert Heimkind! Wäre ein schöner Titel."

„Nein", sagten Angela und ich gleichzeitig.

„Heimkind adoptiert Gast, wäre der richtige Titel. Sie suchen sich selber jemanden aus, dem sie auf den Geist gehen", erklärte Angela.

„Und du hast noch keinen Geist?", fragte ich scherzhalber.

„Nein, mich ist noch keiner angegangen", meinte Beatrice.

„Das kann noch kommen. Es waren ja nicht alle hier. Die kommen erst Freitag und Samstag. Mal sehen wer sich an dich ran hängt", war auch Angela neugierig.

„Und wann kommt der Artikel raus. Ich will ihn auch lesen."

„Der kommt am Freitag raus. Genau richtig fürs erste Adventwochenende. Und nächste Woche kommt die Wichtelbäckerei dran. Dann will ich auch noch das Heim Besuchen und mit der Heimleiterin sprechen. Das wird dann am dritten Adventwochenende gedruckt. Fürs vierte und zu Weihnachten weiß ich noch nicht. Wie sieht es mit der Werbung aus? Kann ich mit dem Herrn sprechen?"

„Ja darfst du. Er meldet sich bei dir. Er war ganz gerührt und begeistert über die Werbung. Ich bin schon neugierig, was sich da jetzt noch alles tut."

„Oh wunderbar. Dann hätte ich vielleicht was für Weihnachten. Und deinen Chef, Rudi interviewe ich wegen der Werbung."

„Was willst ihn da interviewen? Das war meine Idee!"

„Na noch besser! Zu dir komme ich dann persönlich. Und da musst du mir auch erzählen wie du zu der Bäckerei gekommen bist und auf die Behinderten aufmerksam geworden bist."

„Oh Mann! Jetzt werde ich auch durch den Wolf gedreht!"

Beatrice und ich lachten. Angela schien den Witz nicht zu kennen.

„Durch den Wolf gedreht?", fragte ich sie, „Kennst du das nicht?"

„Doch schon, aber was ist daran so lustig?"
Wir beide sahen uns an.

„Sie heißt mit Nachnamen Wolf", erklärte ich Angela.

Der dann doch ein Licht auf ging.

„Da wir uns gleich mit dem Vornamen ansprachen, ist mir ihr Nachname entfallen."

Jetzt hatte sie den Witz auch verstanden. Sie musste dann leider wieder in die Backstube, Beatrice in die Redaktion und ich fuhr nach Hause. Dort machte ich es mir auf der Couch bequem und wollt mir etwas zum Essen bestellen, doch ich schlief ein. Etwas quiekte. Ich machte die Augen auf und sah mich um. Zuerst musste ich mich orientieren. Dann merkte ich das mein Handy piepste. Ich sah nach. Es waren drei Anrufe in Abwesenheit darauf und fünf Nachrichten. Die Anrufe waren von Rudi. Drei Nachrichten auch und zwei von Willi. Rudi fragte mich, wo ich denn wäre, sie wollten Feiern über den guten Abschluss. Willi fragte mich ob ich auch am Freitag zur Bäckerei komme. Er wurde von Beatrice dazu verdonnert. Zuerst rief ich Rudi an.

„Wo bist du denn? Wir wollten mit Sekt auf dich und die Kampagne anstoßen."

„Hallo Rudi. Da ich keinen neuen Auftrag hatte, bin ich zur Bäckerei und dann nach Hause gefahren. Da bin ich dann eingeschlafen. Wir können das Morgen nachholen."

„Du bist ein Spielverderber. Na gut, dann bis Morgen", und hängte auch schon ein.

Dann rief ich Willi an.

„Hello Mann! Das wird ja immer ärger mit meiner Freundin. Jetzt will sie mich auch schon bei ihren Reportagen dabeihaben. Sie will ein Foto von mir und diesem Jungen machen. Mann ist das peinlich."

„Wieso? Mich hat sie heute schon mit Susi erwischt. Also mach dir nichts draus. Susi und Beatrice wollen mich auch dabeihaben. Ich kann aber noch nichts versprechen, weil ich nicht weiß was Freitag los ist."

„Du bist echt ein Spielverderber! Mich dazu zu zwingen so ein Kind zu adoptieren und dann schleichst du dich."

Ich konnte darüber nur lachen. Wir sprachen dann noch etwas, hängte auf und bestellte mir ein Essen. Bevor ich zu Bett ging, machte ich noch eine Runde um den Tisch. Heute ging es etwas langsamer. Der Rest der Woche wurde noch stressig. Rudi teilte mich überall ein. Als so eine Art Feuerwehr, um die Brände zu löschen, die es überall bei den Leuten gab. Jeder hatte irgendwo Probleme, die ich lösen musste. Das spannte mich sehr ein und an. Nach dem Essen schlief ich immer ein. Diese Pause ließen sie mir wenigstens. Aber am Abend fiel ich trotzdem hundemüde ins Bett. Freitag setzte Rudi ein Meeting um 9 Uhr an. Also nichts mit Kekse backen. Es ging darum, dass ich überall helfen sollte, wo wer Probleme hatte, dass wir überall so gute Ergebnisse erzielen wie bei meiner Kampagne. Das gefiel mir ganz und gar nicht. Ich hätte lieber meine eigene Kampagne. Aber das wollte Rudi nicht. Wieso wusste ich nicht. Freitag ging ich früh schlafen. Es fiel sogar mein Rundgang aus. Samstag Früh wurde ich um 5 Uhr wach. Und weil ich schon wach war, und nicht mehr schlafen konnte, konnte ich auch zur Bäckerei fahren. Überhaupt weil mir etwas abging. Ich konnte es nicht sagen, aber ich wusste unbewusst, dass mir etwas fehlte. Susi freute sich sehr mich zu sehen. Auch Angela freute sich.

„Na und wie war die Fotosession gestern?"
„Die fand gar nichts statt."
Jetzt war ich verwirrt.
„Wieso nicht?"
„Weil Beatrice kurzfristig woanders hinmusste. Also haben wir es auf heute verlegt."
„Auf heute?"
Sie sah mich schelmisch grinsend an.
„Das gefällt dir jetzt gar nicht, oder?"
„Nein überhaupt nicht. Ich dachte, das ist schon alles vorbei. Wenn ich das gewusst hätte, wäre ich doch noch im Bett geblieben. Aber dann hätte ich …"

Ich biss mir sofort auf die Zunge. Das Licht an der Tür ging an und erlöste mich. Ich wollte noch sagen, dann hätte ich dich nicht mehr gesehen. Beatrice und Willi kamen gerade und erlösten mich.

„Hallo mein Lieber! Auch schon wieder auf den Beinen?", sagte Beatrice vergnügt.

Doch dann merkte sie was sie gerade gesagt hatte. Das war ihr etwas peinlich.

„Keine Sorge Beatrice. Über das bin ich schon drüber hinweg."

Dann gab ich ihr und Willi die Hand.

„Guten Morgen Willi. Hat sie dich schon so zeitig aus dem Bett geschmissen?"

Der knurrte nur. Er schlief gerne länger und war immer verärgert, wenn er schon früh raus musste. Angela und Beatrice besprachen noch einiges bevor sie mit dem Fotografieren anfing. Norbert hatte sich schon Willi geholt. Edith kam mit vier Kaffee herein. Je einen für Willi, Beatrice, Angela und für mich. Ja der weckte die Geister. Natürlich schob mich Susi auf meinen Platz und erklärte mir was wir heute zu tun hatten. Immer war nicht etwas zum Kleben da. Manchmal auch nur zum Verzieren oder Kekse tunken. Ich sah gar nicht nach, was Beatrice machte. Das würde mich doch nur nervös machen. So verging die Zeit und auch Beatrice half etwas beim Backen. Heute hörten wir schon um 11 Uhr auf, damit es nicht zu spät würde beim Putzen. Und alle um 12 Uhr ein Essen bekamen. Natürlich waren auch Willi und Beatrice eingeladen. Die halfen auch rasch beim Wegräumen. Da war Willi in seinem Element, beim Fertig machen und verschwinden. Mir zeigte Angela noch was sie schon alles gebacken haben. Der Vorratsraum war schon zum Bersten voll.

„Und das willst du alles verkaufen?", fragte ich sie überrascht.

„Was heißt hier verkaufen? 120 kg sind im Prinzip schon verkauft an meine Stammkunden. Und noch einmal so viel habe ich an Bestellungen von neuen Kunden. Und was sonst noch über den Ladentisch geht, weiß ich noch gar nicht. Das kann ich dir erst nach Weihnachten sagen."

Ich starrte sie nur an. 240 kg waren jetzt schon weg!

„Und wieviel hast du schon gebacken?"

„An die 400 kg, werden es schon sein. Willst du vielleicht schon ein kg als Belohnung fürs helfen? Das hast du dir redlich verdient."

„Ich würde gerne etwas anderes als Belohnung haben wollen."

Sie sah mich abwartend an.

„Könntest du mich bitte wieder so massieren wie letztens? Das hat gutgetan. Wenn es dir nichts ausmacht."

„Okay. Aber nicht hier."

Wir gingen in ihr Büro. Sie schloss die Tür damit uns nichts störte.

„Beug dich bitte nach vor und leg dich auf den Tisch wie das erste Mal."

Ich machte was sie sagte. Dann fing sie an mich wieder am Kopf zu massieren. Ging dann über den Hals zu meinem Rücken. Dort wurde es wieder warm und wärmer. Bis sie zum unteren Rücken kam, wurde es heiß und ich zuckte auf und ... war weg.

Das sich Angela niedersetzen musste, weil ihre Beine sie nicht mehr trugen bekam ich nicht mehr mit. Wie denn auch. Sie war müde und musste sich ausruhen. Eine viertel Stunde später holte sie Beatrice und Willi, die mich nach Hause brachten. Mit einem Kilo Weihnachtskekse, die mir die beiden auf den Couchtisch stellten und mich auf die Couch legten. Als ich aufwachte, kannte ich mich nicht aus. Ich musste erst den Tag Revue passieren lassen. Es war ein schöner Tag. Und ich hoffte, es war noch Samstag. Ich setzte mich langsam auf und sah auf mein Handy. Ja es war noch Samstag und ich fühlte mich irgendwie leicht, aber auch beschwert. Dann sah ich erst die Kekse und einen Zettel.

„Bitte ruf mich an, wenn du wach bist. Beatrice."

Aber zuerst musste ich auf die Toilette und mein Hunger meldete sich auch. War ja auch kein Wunder, es war schon 15 Uhr. Nach der Toilette rief ich meinen Lieblingschinesen an, danach Beatrice.

„Hello du Schlafmütze. Was ist denn passiert? In dem einen Moment sehen wir dich mit Angela ins Büro gehen, dann kommt sie abgekämpft heraus und bittet uns dich nach Hause zu bringen. Was habt ihr da drinnen gemacht? Ihr werdet doch nicht? Nik, was geht da mit euch beiden vor? Und dann gibt sie dir und uns noch Kekse mit. Was hast du mir ihr?"

„Beatrice, das kann ich dir selber nicht sagen. Und danke fürs nach Hause bringen. Wenn ich mehr über das weiß, sage ich es dir. Und übrigens, wann kommt der Artikel raus über Angela?"

„Morgen. Es wird jeden Sonntag etwas zu berichten geben."

„Danke", dann legte ich auf.

Nicht zu spät, denn mein Essen kam. Hinterher duschte ich mich ausgiebig, wollte noch fernsehen, aber es spielte nichts Interessantes. Dann holte ich mir meinen Laptop und suchte noch mal etwas über heilende Hände, magische Hände und Wunderheiler. Sollte sie so etwas wirklich können? Ich sollte sie wirklich mal darauf ansprechen. Aber wann? Wann wäre der richtige Zeitpunkt? Irgendwann wurde ich dann doch müde und ging schlafen.

Am Sonntag wollte ich mir die Zeitung holen, doch die lag schon vor meiner Tür. Beatrice? Natürlich musste ich sie sofort lesen, mit einer Tasse Kaffee.

Eine Bäckerei, Behinderte, ein Heim und eine Werbung.
Eine Geschichte in vier Teilen.

Was hat das alles miteinander zu tun, werden Sie sich fragen. Ich werde es Ihnen erzählen. Aber zuerst zum ersten Teil. Eine Bäckerei. Eine besondere Bäckerei. Hier arbeiten nicht nur normale Menschen, sondern auch Behinderte, Hand in Hand. Diesen Traum hat sich Angela Koller erfüllt. Nachdem sie ihre Tochter verloren hatte, die selber behindert war, nahm sie sich noch mehr Zeit für die Menschen im Heim, wo ihre Tochter selber untergebracht war. Sie halfen ihr und jetzt konnte sie ihnen helfen.

Sie wollte schon immer eine Bäckerei aufmachen. Und vor ein-ein-halb Jahren ging ihr Wunsch in Erfüllung. Sie kaufte die Bäckerei Gradwohl und renovierte sie. Seit sechs Monaten hat sie geöffnet und sie geht hervorragend. Ein leicht behindertes Mädchen arbeitet öfter hinter dem Ladentisch. Sie ist zu allen gleich freundlich und ihr kommt kein schlechtes Wort über die Lippen. Auch arbeiten zwei Frauen, die schon über 50 sind, dort. Was auch nicht so oft vorkommt, da man sie schon für zu alt hält.

In der Backstube gibt es einen Bäcker und seinen Gesellen. Auch werden drei behinderte zu Bäckern ausgebildet. Und sie werden es nicht glauben, aber die machen die schönsten Semmeln und das Schönste Gebäck. Denn ist eines nicht gut geworden, wird es noch einmal gemacht. Denn jedem wäre es egal, wenn sie nicht so gut gelungen sind. Nicht aber den Behinderten. Sie machen es perfekt. Auch sind noch andere Behinderte in Teilzeit angestellt und helfen in der Bäckerei aus. Es gibt keinen Streit und sie arbeiten alle fleißig. Ja und dann gibt es noch etwas vor Weihnachten. Aber das verrate ich euch erst bei der nächsten Sonntagsausgabe.

Ihre Beatrice Wolf.

Das war gut geschrieben und machte neugierig. Hoffte ich zumindest. Pünktlich um 10 Uhr läutete es an meiner Tür. Es war Beatrice.

„Wie ich sehe, hast du die Zeitung schon gelesen. Zumindest draußen ist sie nicht mehr."

„Hello Beatrice. Was verschafft mir die Ehre, dass du mich am Sonntag, und das noch ganz alleine besuchst."

„Ein Interview."

Ich starrte sie an.

„Wen willst du interviewen? Ist ja keiner da, außer … mir."

Sie grinste nur.

„Nein, nein. Wieso willst du mich interviewen."

„Weil du etwas in Bewegung gesetzt hast mit deiner Werbung. Rudi habe ich schon interviewt. Er wollte den Ruhm selber einstecken und sagte die Idee wäre seine gewesen und die anderen hielten sie für blöd. Doch Angela und die anderen kannten ihn gar nicht. Sie sagten, dass du derjenige warst der auf diese gute Idee kam. Ich werde zwar für die Firma Werbung machen, doch nicht für Rudi. Er ist neidisch, dass du mehr schaffst als er. Und er ist schon so lange in der Branche und du kommst von deiner Krankheit zurück, bist noch nicht mal richtig gesund und machst auf Anhieb den größten Gewinn. Das hat ihn ganz schön hergenommen. Er hatte zwar nichts gesagt, doch ich merkte es ihm an. Ich kann etwas zwischen den Zeilen lesen. Das lernt man in der Branche. Und ich weiß auch was wichtig und gut ist. Und das ist mehr als gut. Die Leute wollen etwas traurig, lustiges das zum Schluss gut ausgeht. Und das hier geht definitiv gut aus. Und jetzt brauche ich ein paar Daten von dir. Darum interviewe ich dich zu Hause, denn in der Firma hätte ich von Rudi keine Ruhe. Er weiß, dass ich morgen wiederkomme und Fotos von dir noch mache. Pass auf, er wird sofort bei uns sein, wenn ich Fotos mit dir morgen mache, nur das ich dich nicht ohne ihn interviewe. Aber das Interview kann ich jetzt schon machen. Bist du jetzt dabei?"

Das musste ich erst verdauen. Rudi und neidisch? Aber wenn ich an Freitagvormittag dachte, wo er mich quasi an alle zugeteilt hatte, nur damit ich nicht alleine wieder etwas machen konnte. Ich sollte den anderen auch helfen etwas zu schaffen und dann würde seine Werbeagentur viel Werbung und Geld bekommen. Und nicht mich alle wollen. Das konnte ich nicht glauben, dass er nur an sich dachte. Ich verdanke ihm, dass ich wieder in der Firma arbeiten konnte. Oder dachte er, dass ich nichts im Kopf habe, weil ich „behindert" bin?

„Nein, das kann ich mir nicht vorstellen. Er hat mich doch wieder in der Firma aufgenommen. Auch wenn ich immer noch im Rollstuhl sitze."

„Er hatte gehoffte, dass du bald wieder aufhörst, weil es dir zu viel wird. Aber das dein erster Auftrag sofort ein so großer Erfolg wird, das machte ihn platt. So viel hatte ich raus gehört, dass er dich hinterher eigentlich abschießen wollte, weil du nicht belastbar bist. Und dass du immer ein Nickerchen machst, passt ihm auch nicht so ins Konzept. Er hat Angst das es die anderen dann auch wollen. So ist es mir vorgekommen."

„Nein, das kann ich nicht glauben. Er hat mich sozusagen nur gnädiger weise aufgenommen, damit er mich dann hinterher abschießen kann?"

„Ja so in der Art. Er als Wohltäter und weil du nichts weiterbringst, dich dann kündigen. So in der Art: Ich habe es ja versucht mit dir. Aber das dein erster Auftrag so gut wurde, mit dem hatte er nicht gerechnet. Eigentlich hätte er dich da schon abschießen wollen. Jetzt muss er sich etwas anderes überlegen. Während er in einer anderen Besprechung war, nach meinem Interview, hatte ich genug Zeit deine Kollegen zu fragen. Und Willi hat mir das gleiche erzählt. Von dem weiß er gar nichts. Also, du kannst machen was du willst, deine Tage sind in der Firma gezählt."

Jetzt starrte ich sie wirklich ungläubig an. So war Rudi? Er war mein bester Kumpel, vor dem Tumor. Und jetzt sollte er mir in den Rücken fallen?

„Nik. Wenn es so weit ist, sind wir alle für dich da. Du brauchst keine Angst zu haben. Willi hilft dir dann wo er kann und ich auch. Und deine Kollegen helfen dir jetzt schon wo sie können. Und wenn du schläfst macht es ihnen nichts aus. Sie können das verstehen und decken dich wo es geht. Auch Angela ist bereit dir zu helfen, wenn du nicht mehr weiterkannst."

Angela! Das war ein eigenes Kapitel. Sie hilft mir jetzt schon mehr als ich verlangen kann. Und das konnte ich Beatrice nicht erzählen. Außerdem muss ich zuerst mit Angela darüber sprechen. Über das muss ich mir selber erst klar werden.

Beatrice begann dann das Interview. Ich erzählte ihr dann alles, vom Tumor, vom Neuanfang in der Firma, von der Idee mit den Behinderten, bis hin zum Dreh. Und auch das mit Norbert und Willi. Über das konnten wir nur lachen, weil sich Willi sträubte. Sie fragte mich dann auch was sie Norbert zu Weihnachten kaufen könnten. Er ist wirklich ein netter und toller Junge, meinte sie.

„Na was wohl?", und blinzelte sie an.

Sie zuckte nur mit den Achseln.

„Eine Videokamera! Alles klar?"

Jetzt schlug sie sich mit der Hand auf die Stirn.

„Liegt ja wohl auf der Hand, aber derzeit habe ich etwas anderes im Kopf. Also danke für das Gespräch und jetzt lade ich dich noch zu einem Mittagessen ein. Denn kochen wirst du dir sicher nichts und bringen brauchst du dir auch nichts lassen. Denn das kann ich als Geschäftsessen absetzen. Und keine Wiederrede. Ich bringe dich dann auch wieder heil zurück."

Was sollte ich jetzt dagegen sagen. Es war schon Mittag und ich hatte Hunger. Frühstück war ja ausgefallen. Es wurde noch recht lustig, denn Willi stieß noch zu uns. Wir sprachen dann noch mal über Rudi, denn ich wollte es selber von ihm hören. Ich konnte nur den Kopf schütteln, dass mich Rudi so hintergeht. Danach brachten sie mich wie versprochen nach Hause.

Am Montag wollte ich mir wie üblich mein Päckchen von der Bäckerei abholen. Als eine Dame um die 35, nach mir reinkam, sich vordrängte und sofort bedient werden wollte. Vor ihr waren noch vier Personen. Frau könnte man auch sagen, aber sie benahm sich mehr wie eine hochnäsige Dame. Natürlich beschwerten sich die anderen sofort. Auch Susi und Karin baten die Dame sich einzureihen. Doch das wollte sie nicht. Sie bestand darauf sofort bedient zu werden. Sie hätte es eilig und außerdem wäre sie eine Adelige, das müsste man doch sehen. Ich verkniff mir ein Lachen. Als sie nicht angehört wurde, verlangte sie nach der Chefin, um sich zu beschweren, dass man hier nicht freundlich bedient wurde, so wie es in der Zeitung gestanden ist. Jetzt wusste ich worauf sie hin wollte. Wollte sie die Bäckerei schlecht machen? Oder hat sie wer engagiert, damit sie das machte? Dass sie eine adelige wäre, nahm ich ihr nicht ab. Sie wurde schon laut und bevor es zu eskalieren drohte, schritt ich ein.

„Meine gnädige Frau."

„Ich bin nicht ihre gnädige Frau. Ich bin Ines von Hallstätt, Baroness zu Frankenburg."

„Danke sehr, aber wie soll ich ihren Namen wissen?"

„Mich kennt doch ein jeder. Ich bin in jeder Boulevard Zeitung abgebildet."

„Leider lese ich so etwas nicht, also kann ich Sie nicht kennen und diese Leute hier auch nicht. Also bitte ich Sie höflich, sich in der Reihe anzustellen und genauso zu warten wie die anderen. Alle haben es hier eilig in die Arbeit zu kommen. Nicht nur Sie."

„Sie werden es eilig haben. Sie können ja nicht mal etwas arbeiten. Was wollen Sie denn machen, wenn sie im Rollstuhl sitzen."

„Ich kann sehr viel machen. Mehr als Sie, meine Dame."

Inzwischen brachte mir Susi mein Päckchen.

„Ach und Sie brauchen sich nicht anzustellen?"

„Ich stelle mich auf der Seite an, damit ich keinen mit dem Rollstuhl störe oder über die Zehen fahre. Außerdem komme ich nicht an die Theke ran, wenn mir mein Essen dort hingestellt wird. Also bin ich eine Ausnahme und darf mich auf die Seite stellen und habe auch die Erlaubnis dazu."

„Ja, ja, den ganzen Tag nichts tun und dann noch Privilegien haben. Ich bin eine Baroness und ich habe überall Privilegien. Auch hier."

Irgendwer hatte inzwischen auf den Knopf für Angela gedrückt, denn gerade in dem Augenblick erschien sie in der Tür. Diese Frau sprach sie sofort an: „Schicken Sie mir die Chefin her", sagte sie in einem Befehlston.

Angela hatte eine Schürze um und war voller Mehlstaub.

„Ich bin die Chefin. Was wünschen Sie?"

Die Baronesse sah sie von oben bis unten an, dann sprach sie von oben herab: „Ich will die Chefin sprechen und nicht eine Bäckerin. Eine Chefin erscheint nicht in so einem Aufzug."

„Ich bin hier die Chefin und ich kann in jedem Aufzug erscheinen. Denn ich helfe in der Backstube und kann es mir nicht leisten wie ein Modepüppchen herumzuspazieren. Ich muss überall sein und überall helfen. Und was gibt es jetzt für ein Problem?"

„Ich werde hier nicht bedient. Und der hier wird sogar bevorzugt behandelt, obwohl er gar nichts für die Gesellschaft tut. Nur in seinem Rollstuhl spazieren fährt. Wahrscheinlich durch einen Motorrad Unfall noch gelähmt ist. Die gehören sowieso von der Straße verbannt. Der kann um 9 Uhr auch kommen und sich sein Brötchen holen. Was muss der schon um 7 Uhr hier sein und wichtigeren Personen den Platz wegnehmen."

Karin und Susi wurden schon nervös und böse. Angela sprach leise mit Karin. Die schilderte ihr alles. Währenddessen hatten sie die Leute weiter bedient. Wenn sich die „Dame" angestellt hätte wie es sich gehört, hätte sie schon ihr Gebäck. Doch sie musste sich ja hervortun.

„Meine Angestellte sagte mir, dass sie sich vorgedrängt hätten und sich nicht wie die anderen angestellt haben."

„Wozu anstellen. Ich bin die Baroness zu Frankenburg. Ich stelle mich nie an. Ich werde überall bevorzugt behandelt. Oder wissen sie auch nicht wer ich bin?"

„Nein. Weiß ich nicht. Ich verkehre leider nicht in so gehobenen Kreisen. Und wenn Sie weiter so bedient werden wollen, dann bleiben Sie doch bei ihrem Bäcker von wo Sie bis jetzt ihr Gebäck geholt haben."

„Das muss ich mir nicht bieten lassen. Da will man den armen Leuten helfen und dann wird man auch noch beschimpft. Und von so einer Behinderten will ich sowieso nicht bedient werden. Das wird ein Nachspiel haben. Das werde ich in die Zeitung geben, dass man hier nicht freundlich bedient wird. Ich suche mir eine andere Bäckerei!"

„Bitte, gerne!", sagten Angela und ich wie aus einem Mund.

Das gefiel ihr schon gar nicht, drehte sich um und verschwand so wie sie gekommen war.

„Was war das denn?", fragte ein Kunde, der hier gefrühstückt hatte.

„Keine Ahnung", sagte ich.

„Aber solche Personen brauchen wir hier sicher nicht", meinte Angela.

Alle bejahten das. Die Woche gab ich mein Bestes. Wir gingen verschiedene Wege. Da alle nur einseitig mehr dachten. Manche Ideen gefielen ihnen sehr gut, manche nicht so. Wenn keiner sagte, dass die Idee von mir war, fand sie Rudi gut oder sehr gut. Wenn aber einer den Einwand machte, dass es eigentlich meine Idee war, bog er schon wieder ab und fand sie nicht mehr vorteilhaft, schön ausgedrückt. Freitag wäre wieder ein Meeting angesetzt gewesen, doch ich musste zur Kontrolluntersuchung ins Spital. Nach der CT und dem MRT, liefen sie alle wie aus dem Häuschen durch die Gegend. Dann holte mich endlich der Arzt zu sich.

„Herr Renner. Ich weiß nicht, wie ich es sagen soll."

„So schlimm?", fragte ich ihn.

„Nein, im Gegenteil, so gut. Das hat uns so überrascht. Der Tumor ist um das doppelte geschrumpft. Er liegt nicht mehr an der Wirbelsäule an. Ich weiß nicht was Sie die letzten zwei Monate gemacht haben, aber machen Sie das weiter. Dann können wir nächste oder übernächste Woche operieren. Wir müssen noch sehen wie der OP-Plan ist."

Jetzt war ich der, der durcheinander war.

„ER ist kleiner geworden?"

Ich konnte nur an Angela denken. Hatte sie mir geholfen? Warum? Wieso? Ich sollte nächsten Freitag wiederkommen, um dann genaueres zu besprechen. Ganz verwirrt fuhr ich zurück. Ich wollte noch in die Firma, aber vorher kam ich ja noch an der Bäckerei vorbei. Susi vermisste mich immer gleich, wenn ich morgens nicht meinen Kaffee und das Gebäck holte. Sie begrüßte mich überschwänglich und wollte mir schon das gewünschte bringen. Ich wehrte ab und bat sie Angela zu holen. Das machte sie dann auch. Angela begrüßte mich sehr freundlich, doch als sie meinen gespannten Gesichtsausdruck sah, wurde sie auch ernst.

„Angela könnte ich dich bitte unter vier Augen sprechen?"

Wir gingen dann zu ihrem Büro. Dort schloss sie sofort die Tür.

„Was ist geschehen? Du siehst so ernst aus."

„Ich bin verwirrt, überrascht und wie durch den Wind. Und ich weiß nicht ob ich dir dafür danken soll."

Jetzt war sie noch mehr verwirrt.

„Ich war heute zur Kontrolle im Spital. Die waren dann ganz perplex, weil mein Tumor kleiner geworden ist und ich solle das weiter machen, was ich bisher gemacht habe. Aber das der Tumor wegen der Arbeit kleiner wurde, glaube ich nicht. Auch nicht, weil ich hier arbeite. Eher das du die Ursache dafür bist. Bist du es? Wie kann ich dir dann danken?"

Angela biss sich auf die Lippen und überlegte was sie sagen sollte.

„Nik. Danke mir nicht oder noch nicht. Es ist noch nicht alles vorbei. Und frage mich nicht wieso. Es sollte wohl alles so kommen. Was Gott oder das Schicksal mit uns vorhat, wissen wir nicht. Warum dieses so ist und nicht anders. Nimm es einfach an, wenn ich dir helfen kann werde ich dir helfen. Aber das entscheide nicht immer ich."

Jetzt war ich mehr denn je verwirrt. Aber wenn ich sie auch um näheres fragen würde, es würde keine Antwort kommen.

„Wäre es möglich …", weiter kam ich nicht.

„Nik. Ich werde dir noch einmal Kraft geben, aber den Rest musst du dann alleine schaffen. Aber nicht heute und hier. Ich komme am Sonntagnachmittag zu dir. Würdest du mir bitte dafür deine Adresse geben? Vormittags schlafe ich mich aus. Es ist der einzige Tag wo ich länger schlafen kann", ergänzte sie sofort, als ich das fragen wollte.

Ich wollte gerade die Adresse aufschreiben, als mich Rudi anrief. Ich blieb in Blickkontakt mit Angela. Er brüllte schon fast ins Telefon, so dass es sogar Angela hörte. Ich solle unverzüglich zu ihm ins Büro kommen, wenn ich schon vom Spital zu Hause wäre. Angela sah mich an und schüttelte den Kopf.

„Nein, das geht leider nicht. Sie machen noch einige Tests."

Das beruhigte ihn zwar nicht, aber er konnte auch nichts dagegen sagen. Dann hängte ich auf, sah Angela an und fragte: „Warum?"

„Das wirst du noch früh genug erfahren."

Danach gab ich ihr meine Adresse samt Telefonnummer. Da es schon Mittag war, lud sie mich zum Essen ein.

„Aber das kann ich nicht annehmen. Ich habe heute doch nicht geholfen."

„Aber Susi würde mir das nie verzeihen, wenn ich dich gehen lasse. Und willst du Susi böse machen?"

Nein das wollte ich auf keinen Fall. Somit bekam ich heute auch ein Mittagessen. Es gab Spagetti Bolognese. Susi bediente mich von hinten bis vorne. Vom Kaffee, Wasser und mein Essen brachte sie auch.

„Du musst dich stärken, damit du viel Kraft hast bis Weihnachten."

Ich starrte sie nur an und dann zu Angela.
Die schüttelte nur leicht den Kopf. Auch bekam
ich meinen Nougat Crousons. Und Angela gab
mir noch Kekse mit.

„Ich habe genug und du hast mir schon
mehr geholfen als ich dir bezahlen könnte", sagte
sie dankbar.

„Ich habe nicht viel getan. Ich glaube eher,
du hast mehr für mich getan. Das bisschen
backen helfen, ist doch nicht viel."

„Du weißt gar nicht was du schon alles für
mich getan hast. Wir sprechen später darüber.
Jetzt fahr nach Hause und schlafe eine Runde."

Wie konnte sie das nur wissen? Lach!
Natürlich schlief ich zu Hause sofort ein. Der
Nachmittag verlief ruhig. Rudi meldete sich
nicht mehr. Samstag hatte ich diesmal für mich
alleine. Bevor ich ging, hatte Angela noch
gemeint, ich solle mir Ruhe gönnen. Und ich soll
mal Pause machen, muss nicht immer Kekse
backen kommen. Es geht auch ohne mich und
soll auf mich sehen und nicht immer auf andere.
Ich würde demnächst viel an mich denken
müssen. Das gab mir wieder zu denken. Der
Samstag alleine tat mir gut. Ich kam etwas zur
Ruhe und konnte mich auf Sonntag freuen.
Schon seit dem Morgen war ich nervös. Die
Zeitung lenkte mich etwas ab. Die hatte mir

natürlich wieder Beatrice zukommen lassen.
Sofort las ich den Artikel.

Bäckerei und Wichteln?

Letztens habe ich Ihnen von einer Bäckerei erzählt. Von keiner normalen Bäckerei. In dieser Bäckerei arbeiten normale und behinderte Menschen Hand in Hand. Und jetzt zu Weihnachten besonders. Sie backen die besten und schönsten Kekse. Und nicht nur ein paar Stück. Nein eine ganze Menge Kekse. Angefangen von den Vanillekipferl bis hin zu normalen Keksen. An die 15 Sorten. Frau Angela Koller hat jetzt schon Bestellungen von ca. 250 kg. Und die macht sie alle mit den Behinderten. Sogar ein guter Freund von mir hilft gerne in der Bäckerei. Er ist selber an den Rollstuhl gefesselt, aber frohen Mutes.

Angefangen hat Angela im Heim mit den Behinderten Kekse zu backen. Es hat sie sehr gefreut. Voriges Jahr hatte sie bei einer Freundin, die selber eine Bäckerei hat, mit ihnen Kekse gebacken. Und dieses Jahr kann sie mit ihren Wichteln selber in ihrer eigenen Bäckerei backen. Jeder hat am Anfang eine rote oder grüne Mütze bekommen, damit sie auch wie Wichteln aussehen. Sie backen alle mit Freude und Arbeitseifer. Weil sonst würde sie die Menge nicht schaffen. Und es wird nicht bei der Menge bleiben, in der Wichtelbäckerei. Ja und dann ist da ja noch die Werbung. Und über die erzähle ich Ihnen das nächste Mal.

Ihre Beatrice Wolf

Danach kamen noch einige Fotos. Sogar ich war auf einem darauf. Man sah das die Behinderten viel Spaß dabei hatten. Ja das hatten sie wirklich und sie machten es sehr gerne.

Ja und dann war ich wieder mit meinen Gedanken bei Angela. Was würde sie mir erzählen und machen. Ich bestellte mir etwas vom Chinesen, doch diesmal schmeckte es mir nicht so richtig. Ich fieberte dem Treffen mit Angela entgegen. Pünktlich um 13 Uhr läutete es an meiner Tür. Ich machte sofort auf. Wirklich stand Angela vor der Tür. Sofort bat ich sie herein. Wir gingen in mein Wohnzimmer und wir setzten, nein, zumindest sie setzte sich auf die Couch.

„Darf ich dir etwas anbieten? Kaffee, Tee oder Wasser?"

„Nein, danke."

Sie sah sich etwas nervös um.

„Kannst du mir jetzt mehr darüber verraten, was du noch machst außer Kekse und Brot backen?"

„Nein. Das werde ich nicht. Ich werde dir noch einmal helfen. Dann musst du es alleine schaffen. Und ich werde dir erst später davon erzählen, wie ich es dir schon mal gesagt habe. Also wo ist dein Schlafzimmer?"

Ich starrte sie an. Das war eine Ansage. Bei einer anderen Frau würde ich sagen, die hat es aber eilig, aber bei ihr war es ein anderer Grund, weswegen sie hier war. Ich fuhr voraus.

„Würdest du dich bitte diesmal bis auf die Unterhose ausziehen? Oder kannst du das nicht alleine?"

„Doch das geht noch. Nur ich kann keine langen Strecken gehen. Weil ich zeitweise kein Gefühl in meinen Beinen habe. Manchmal spüre ich sie gar nicht. Das kommt darauf an wie der Tumor gerade auf meinen Rücken drückt. Mir wäre es lieber sie könnten ihn operieren. Vielleicht schaffen sie es diesmal, ... mit deiner Hilfe."

Angela ging aus dem Zimmer und wartete bis ich fertig war. Sie hatte sich inzwischen ihren Mantel, die Handschuhe, Schal und ihre Stiefel ausgezogen, als ich sie rief und sie wieder zurückkam. Ich hatte mich mit dem Rücken auf das Bett gelegt. Sie bat mich, dass ich mich auf den Bauch lege.

„Wie soll ich sonst deinen Rücken massieren?"

Ich drehte mich so gut es ging um. Bei den Beinen musste sie mir etwas helfen. Da war es als würde mich dort, wo sie mich angegriffen hatte, Nadelstiche treffen.

„Leg dich gemütlich hin und entspanne dich."

Das war gutgesagt, gemütlich hinlegen. Wenn sie hier war und ich fast nackt auf dem Bett. In einer anderen Situation wäre es mir lieber, aber das ging doch nicht.

„Ja genau, so entspanne dich", sagte sie in dem Moment.

Wenn sie wüsste an was ich gerade gedacht habe. Sie nahm mir noch das Kissen weg.

„So ist es noch besser."

Ja es war besser. Die Decke legte sie auf meine rechte Seite. Ich versuchte weiter entspannt zu liegen. Die Hände legte ich neben meinen Kopf. Dann fing sie an ganz zart meinen

Kopf zu massieren. Diesmal machte sie es etwas anders. Jetzt saß ich ja auch nicht, sondern lag gemütlich auf dem Bett. Sie konnte dadurch auch besser massieren. Ich entspannte mich total. Sie machte weiter wie schon die letzten Male, aber mit mehr Gefühl. Es kribbelte schon am Kopf und am Hals. Dann fuhr sie ein paar Mal über meine Wirbelsäule. Mann das war ein Gefühl. Eine Mischung aus kribbeln, Wärme und Gänsehaut.

„Versuche so lange wie möglich durchzuhalten und nicht gleich ab zu zucken, wenn es heiß wird."

Ich wollte noch sagen: „Ich versuche es", doch es wurde nur ein Gemurmel. Sie legte die Hände auf meinen Rücken oder massierte weiter. Es wurde immer heißer und ich biss die Zähne zusammen. Ich holte tief Luft und versuchte durchzuhalten so lange ich konnte. Doch irgendwann war es aus mit meiner Kraft und ich wollte schreien, doch ich murmelte oder schrie ich doch? Dann hörte ich noch einen dumpfen Knall.

***

Angela kam mit gemischten Gefühlen zu Nik. Sollte sie das machen? Würde es nicht wieder eskalieren? Sie wollte niemanden etwas von ihrer Gabe erzählen. Diese kam während ihrer Schwangerschaft mit ihrer Tochter Luisa zum Vorschein. Sie konnte Menschen heilen, nein nicht heilen, helfen damit sie sich selbst heilen können. Aber es kostet sie immer viel Kraft. Darum gab sie nie gerne jemandem die Hand. Denn sie spürte oft schon wer Hilfe benötigte und ihre Kraft wurde automatisch angezapft. Sie weiß nicht wie sie sich dagegen wehren kann oder es abblocken. Und traute sich auch nicht jemanden zu fragen, wer ihr helfen könnte. So zog sie sich immer mehr zurück. Nur die Behinderten halfen ihr. Sie gaben ihr sogar Sicherheit. Sie zapften sie nicht an. Im Gegenteil, sie gaben ihr die Kraft weiter zu machen. Hin und wieder half sie jemanden kurz, ohne dass es derjenige merkte.

Es gab eine Zeit als Luisa noch lebte, sie war so um die drei Jahre. Als es eine Frau rausbekam. Die wollte sie ausnutzen. Zuerst meinte sie es gut und dann bekam sie raus, dass sie dafür Geld verlangte. Sie schickte ihr die Leute und diese Frau kassierte ab. Es dauerte eine Zeitlang bis sie ihr drauf kam. Dann machte sie Schluss. Aber diese Frau wollte sie nicht loslassen. Darum musste sie auch umziehen und Luisa wo unterbringen. Und da lief ihr Susi über den Weg. Mit einem Anwalt konnte sie dieser Frau Herr werden und hörte nichts mehr von ihr.

Bei Nik war alles anders. Als sie ihn das erste Mal gesehen hatte, machte ihr Herz einen Sprung. Sie merkte sofort das er an etwas arbeitete. Es war kein Unfall schuld, dass er im Rollstuhl saß. Das hatte sie bei der ersten Massage bemerkt und dass er Hilfe brauchte. Und sie konnte sie ihm geben. Und vielleicht konnte er ihr auch helfen. Anders als man denken konnte. Sie wollte es sich nicht selber eingestehen, dass sie sich auf den ersten Blick in ihn verliebt hatte. Aber er hatte sich auch zurückgezogen, das hatte sie bemerkt. Er saß im Rollstuhl und keiner konnte ihm sagen, ob er wieder gehen würde können. Sie spürte es, dass er es schaffen könnte, aber nur, wenn der Tumor kleiner wird. Bei der ersten Massage hatte sie alles gespürt und er schlief sofort ein. Doch auch sie brauchte ihre Ruhe damit sie sich erholen konnte. Nach der zweiten war es noch schlimmer und heute würde es ihre ganze Kraft nehmen. Aber sie wollte sie ihm geben, und er drängte sie auch nicht ihm alles zu erzählen. Oder ihr zu helfen, nur wenn sie es will. Das rechnete sie ihm hoch an. Also konzentrierte sie sich auf ihn.

Es kribbelte und knisterte in ihren Fingern. Was es bei ihm auslöste das konnte sie nicht spüren. Sie massierte ihn langsam und kräftig, gab ihm dabei ihre ganze Energie. Den letzten Energiestoß gab sie ihm bei seinem Rücken und strich noch bei seinen Beinen aus. Dann fiel sie in seinen Rollstuhl, den sie hinter sich gestellt hatte. Schrie er oder sie? Sie hatte keine Kraft mehr und fiel mit dem Kopf und ihren Armen dann über seine Beine und schlief auch ein wie er.

***

Ich sah einmal kurz auf und es war noch hell. Beim nächsten Mal war es dunkel. Ich versuchte mich zu bewegen, doch es war als wäre ich ans Bett gefesselt. Oder drückte mich etwas auf das Bett? Da ich nichts machen konnte, schloss ich wieder meine Augen und schlief wahrscheinlich noch einmal ein. Als ich das nächste Mal die Augen öffnete, war es immer noch dunkel. Wie gewöhnlich streckte ich mich. Meine Hände fanden das Ende des Bettes. Jetzt wurde ich stutzig. Vorhin hatte ich mich überhaupt gar nicht bewegen können und jetzt ergriff ich das Bett? Ich versuchte mich auf den Rücken zu drehen. Es funktionierte. Auf einmal war ich nicht mehr so schwer. Im Gegenteil, ich fühlte mich leicht. Ich setzte mich auf, was gut klappte. Dann drehte ich das Licht auf. Es war 20 Uhr. So lange hatte ich geschlafen? Und mein Magen knurrte auf das Stichwort. Ich stieg aus dem Bett, zog mir meinen Jogginganzug über und musste schon ganz dringend auf die Toilette. Danach sah ich in meinen Kühlschrank. Jetzt kam ich aus dem Staunen nicht raus. Ich wusste da war nicht viel drinnen, da ich ja nie etwas kochte und mir meistens etwas bestellte. Hin und wieder hatte ich etwas für eine Jause oder Abendessen gekauft. Mein Kühlschrank war voll. Zumindest für meine Verhältnisse. Da waren Brötchen mit Wurst, Brötchen mit Aufstrich, Donats und Nougat Crousons. Angela! Sie musste mir das gebracht haben. Das muss die Tasche gewesen sein, die sie in die Ecke gestellt hatte. Also konnte ich meinen großen Hunger stillen. Dazu machte ich mir Tee. Was ungewöhnlich war, aber ich hatte Lust darauf. Drehte mir den Fernseher auf und sah was es Neues gab. Nachdem ich dann aufgeräumt hatte, merkte ich, dass ich schon wieder müde wurde, obwohl ich so lange geschlafen hatte. Ich fuhr zurück in mein Schlafzimmer und legte mich wieder nieder. Bis um 5 Uhr schlief ich durch. Dann konnte ich nicht mehr schlafen. Ich stand auf und frühstückte. Mann hatte ich Hunger. Angela hatte mir genug hiergelassen. Heute brauchte ich nicht so früh in der Arbeit erscheinen. Darum fuhr ich gemütlich zur Bäckerei und holte mir meine Jause. Heute waren Edith und Karin hinter dem Ladentisch. Ich wusste nicht ob ich nach Angela fragen sollte. Heute Morgen hatte ich sie anrufen wollen, da bin ich draufgekommen, dass ich gar keine Handynummer von ihr hatte. Und in der Bäckerei wollte ich nicht anrufen. Ich hoffte, dass sie vielleicht rauskommen würde. Doch leider musste ich dann auch schon fahren. In der Firma arbeitete ich gerade mit Tom, als ein Anruf von Dr. Frank kam. Er war so aufgeregt und bat mich heute noch in das Spital zu kommen. Mit Gepäck! Denn ich sollte noch einmal untersucht werden und dann würde es sich entscheiden, ob ich noch diese Woche operiert werden würde. Ich meldete mich sofort bei Rudi ab. Der wollte zwar noch etwas mit mir bereden, doch ich winkte ab.

„Ich habe jetzt keinen Kopf dafür. Dr. Frank hat mich angerufen, ich solle sofort kommen.

Also melde ich mich für die nächste Zeit krank. Und merke dir was du sagen wolltest."

Damit fuhr ich wieder nach Hause und ließ mich mit dem Taxi ins Spital bringen. Dort wartete Dr. Frank schon sehnsüchtig auf mich. Dann wurde mir wieder Blut abgenommen, röntgen, CT und Magnetresonanz. Das ganze Programm. Vor dem Abendessen kam Dr. Frank mit einem anderen Arzt zu mir ins Zimmer. Der andere stellte sich als Dr. Manor vor. Er sollte eine Kapazität auf dem Gebiet vom Entfernen von Tumoren sein. Überhaupt solche die an ungewöhnlichen Stellen waren. Beide sahen mich freudig an.

„Herr Renner. Wir haben eine gute, nein eine sehr gute Nachricht für Sie", erklärte mir Dr. Manor.

„Nachdem ich mir alle Unterlagen angesehen habe, sind Sie ein Wunder. Denn normal wächst ein Tumor, wenn man nichts unternimmt. Da Sie keine Chemo und auch keine Immuntherapie vertragen haben, wunderte es mich sehr, dass Ihr Tumor kleiner wird. Und seit voriger Woche noch einmal. Nach dem Vergleich den wir gemacht hatten. Und so wie es jetzt aussieht, können wir Sie ohne Probleme operieren und das schon morgen. Also werden Sie noch ein paar Tage bei uns bleiben. Danach geht es auf Reha und ich hoffe, danach können Sie wieder normal gehen. Zuerst müssen Sie noch ihre Muskeln trainieren, damit Sie wieder auf eigenen Beinen stehen können. Und ich hoffe, wir sehen uns dann nicht mehr wieder. Aber eines würde ich gerne wissen, was haben Sie gemacht, dass er kleiner wurde?"

Ich zuckte nur mit den Achseln. Was sollte ich sagen? Dass mir Angela dabei geholfen hatte. Mich massiert, mir Kraft gab?

„Ich habe mich gesund ernährt und positiv gedacht."

Das nahmen sie mir nicht ab. Aber das war mir auch egal. Ich würde Angela ohne ihr Einverständnis nicht verraten. Darum meinte sie auch, ich würde viel Kraft brauchen, darum das Essen. Darum die Massagen. Wie geht es ihr eigentlich? Das machte mir mehr Kopfzerbrechen als meine OP.

Am nächsten Morgen wurde ich noch einmal durchgecheckt und dann ging es in den OP. Während der OP versuchte ich an etwas Schönes zu denken. Als ich zu mir kam, war ich schon wieder in meinem Zimmer. Eine Krankenschwester kontrollierte gerade meinen Blutdruck.

„Hi. Sind Sie schon wach?"

Ich versuchte etwas zu sagen, doch es wurde nur ein Gemurmel. Dann schlief ich wieder ein. Das nächste Mal war es Nacht. Es brannte ein kleines Licht in meinem Zimmer und dadurch konnte ich sehen, dass es draußen finster war. Und meine Uhr zeigte auch Nacht an. Es war 23:50. Jetzt kamen meine Gedanken wieder zurück. Ich war operiert worden und hoffte, dass es geklappt hatte. Meine Füße spürte ich nicht, oder war ich zu schwach? Also ließ ich es gehen und versuchte weiter zu schlafen. Der Gedanke an Angela machte mich ruhig. Ich war nur etwas traurig, weil ich ihr nichts sagen und berichten konnte.

Am nächsten Tag kamen die Ärzte und sagten mir, dass die OP ein voller Erfolg war. Der Tumor war weg. Jetzt musste ich nur wieder Kraft in meinen Beinen sammeln, damit ich wieder gehen konnte. Denn natürlich haben die Muskeln in meinen Beinen abgebaut, weil ich keine Bewegung mehr machen habe können. Die Runde um den Tisch war nichts. Es war nur so viel, dass ich sie noch bewegte. Jetzt musste ich fast wieder von vorne anfangen. Aber ich wollte es schaffen und jetzt würde es auch wieder funktionieren. Leider würde ich wahrscheinlich zu Weihnachten nicht zu Hause sein können. Aber das war mir egal, Hauptsache ich konnte wieder gehen. Die Ärzte veranlassten, dass ich sofort in eine Reha kam. Da ich ja keinen zu Hause hatte, der mir helfen konnte. Das war schon Dr. Frank sehr wichtig. Weil er so überrascht war, dass der Tumor so schnell, so klein geworden war. Er wunderte sich immer noch darüber. Aber jetzt konnte ich auch frohgemut in die Zukunft sehen. Nach dem dritten Adventsonntag soll ich dann zur Reha gebracht werden, damit keine Verzögerung entsteht. Also sollte ich noch die Zeitung bekommen, um den dritten Beitrag lesen zu können. Apropos Zeitung. Ich sollte Beatrice und Willi informieren, dass ich im Krankenhaus bin. Das tat ich auch sofort, denn es musste sich auch jemand um meine Wohnung kümmern, wenn ich jetzt vier Wochen nicht hier bin. Beatrice war total überrascht und sagte, dass sie mich sofort besuchen kommt. Keine Stunde später war sie mit Willi da.

„Und jetzt sprich. Warum konnten sie auf einmal den Tumor operieren?", fragte sie mich sofort.

„Weil er kleiner geworden ist. Sie waren selber überrascht. Und du weißt ja, dass ich weder Chemo noch Immuntherapie vertrug. Und anscheinend hat mir die Auszeit gutgetan, oder dass mich die Arbeit abgelenkt hatte. Vielleicht auch die Ablenkung in der Bäckerei. Keine Ahnung. Jedenfalls haben sie ihn jetzt operieren können. Und jetzt geht es aufwärts, denn nächste Woche komme ich schon auf Reha und dann hoffe ich, dass ich bald wieder alleine laufen werde können."

„Du bist Weihnachten nicht da?"

„Ja darum will ich euch bitten, könntet ihr auf meine Wohnung sehen und die Post reinbringen? Ja dann würde ich noch meinen Laptop und das Ladegerät brauchen. So wie etwas Unterwäsche und Kleidung für die Reha dann. Würdet ihr so nett sein?"

„Ja natürlich machen wir das. Nur es gibt ein Problem", und hielt ihre Hand auf.

„Was ist?", fragte ich sie.

„Schlüssel, mein Lieber."

Jetzt wurde es mir auch klar. Ohne Schlüssel kam sie nicht in meine Wohnung.

„Hier ist meiner", und holte ihn aus dem Nachtkästchen, „Den will ich wieder zurückhaben. Neben der Tür ist ein Kästchen, in dem der Reserveschlüssel ist, den kannst du dir nehmen. Und den, bekomme ich wieder zurück."

„Ja mein Lieber", schnappte ihn sich und fing an sich alles zu notieren, was ich brauche, für jetzt und später. Sie würde mir die Sachen dann am Sonntagabend bringen, bevor ich am Montag dann zur Reha fahre.

„Und würdest du mir noch einen Gefallen tun?", fragte ich sie ängstlich.

„Ja welchen?", fragte sie und war schon bereit ihn sich zu notieren.

„Würdest du bitte in die Bäckerei gehen und ihnen sagen, dass ich operiert worden bin. Susi wird sich sonst noch Sorgen machen. Die hängt doch so an mir. Nicht dass sie Angela darauf drängt die Polizei einzuschalten. Ja und Angela natürlich auch."

Eigentlich ging es mir ja mehr um Angela, aber das sollte Beatrice nicht mitbekommen.

„Ja das werde ich morgen auch gleich machen", und sah mich verdächtig an.

Spannte sie etwas? Ich hoffte nicht. So kam sie auch wirklich gleich am Donnerstag mit meinen Sachen und brachte mir auch meinen Schlüssel zurück. Dann berichtete sie, dass Susi Angela schon gedrängt hatte etwas zu unternehmen, da ich schon ein paar Tage nicht mehr in der Bäckerei war. Angela wünschte mir alles Gute und gute Besserung. Susi dachte, ich käme nach ein paar Tagen wieder nach Hause. Angela musste es ihr erklären, dass ich länger weg wäre, damit ich gesund wieder zurück komme. Sie war sehr traurig darüber. Angela nahm sie das Versprechen ab, dass sie mit ihr am Sonntag zu mir in Spital kommen, müsse. Sie ließ nicht locker bis sie es auch wirklich versprochen hatte. Beatrice erzählte mir dann noch, dass sich mein Vermieter aufgeregt hatte, weil Beatrice mit einem Schlüssel in meine Wohnung konnte. Glaubte er, ich hätte eine Freundin und habe es ihm nicht gesagt. Denn dann hätte ich sie auch anmelden müssen. Das mag er nicht, wenn jemand unangemeldet wo wohnt. Beatrice hatte nur gelacht und jetzt auch, wo sie es mir erzählte. Sie fand es sehr lustig, doch mir war es nicht so egal. Mein Vermieter war etwas komisch in der Sache.

  Den Rest der Woche durfte ich dann schon üben, mit einem Rollator und einem Therapeuten. Zwei Mal am Tag, eine halbe Stunde, mit einem Therapeuten. War zwar nicht viel, aber es war ein Anfang. Die Woche verlief ansonsten ruhig. Sonntagnachmittag kam dann wirklich Susi hereingeschneit. Hinter ihr her Angela. Susi überfiel mich sozusagen. Sie plapperte gleich darauf los, wie sie mich schon vermisst hatte und dass sie sich Sorgen gemacht hatte. Und Angela damit in den Ohren lag. Und sie hatte etwas zum Essen für mich mit. Drei Nougat Crousons! So als würde ich hier verhungern. Es war trotzdem sehr nett von ihr.

Auch Angela begrüßte mich dazwischen. Sie
kam nicht viel zu Wort. Nach einer halben
Stunde wusste auch Angela über alles Bescheid.
Da hatte mich Susi schon alles gefragt und ich so
weit wie möglich ihr alles erklärt. Angela konnte
nur lächeln und den Kopf schütteln. Ein paar
Worte konnte sie noch mit mir sprechen. Dann
mussten sie schon wieder fahren. Am Abend
kam dann wieder Beatrice und brachte mir die
Sachen für die Reha. Sie erzählte mir dann noch
ein paar Neuigkeiten von der Firma, die sie von
Willi gehört hatte. Das Rudi auf einmal ein
strenges Regiment führte und eine neue Freundin
hatte. Sie solle adelig sein. Bei adelig viel mir
sofort diese Frau ein, die in der Bäckerei war.
Und dass er alle zu Höchstleistungen antrieb,
seitdem ich weg bin. Das störte mich nicht. Ich
hatte jetzt sowieso keine Zeit etwas zu machen
oder mir eine Kampagne zu überlegen. Ich sah
jetzt auf mich, damit ich wieder auf die Beine
kam. Bevor ich schlafen ging, las ich noch die
Zeitung, die mir Beatrice mitgebracht hatte.
Natürlich war ich neugierig was sie wieder
geschrieben hatte. Doch ich wollte es in Ruhe
lesen und nicht rasch darüber fliegen.

Bäckerei, ein Heim, Wichtel und eine Werbung?

Kann das zusammenpassen? Was sagen Sie dazu? Ich sage: JA.
Sie wissen jetzt schon die Vorgeschichte der Wichtel und der Bäckerei. Das dort Behinderte und nicht Behinderte Hand in Hand arbeiten und dass, ohne Probleme. Und glauben Sie, diese können bei einer Werbung mitmachen? Aber ich glaube Sie haben diese Werbung schon gesehen oder auch gehört. Wo die Behinderten das Spiel spielen und das ohne Spielanleitung! Das müssen Sie mal schaffen. Wie das ging, fragen Sie sich? Das kann ich Ihnen erzählen. Also es war ein Mann, leider darf ich hier keine Werbung machen, aber ich glaube Sie wissen auch so um wen es geht. Also der Mann wollte eine außergewöhnliche und ehrliche Werbung. Bei Vielen wird da ja geschummelt. Also ging er zu einer Werbeagentur. Die machte ihm einige Vorschläge. Die gefielen ihm nicht so. Ja und dann kam mein Bekannter zurück vom Krankenstand, der in einem Rollstuhl sitzt. Ich glaube von ihm habe ich schon etwas erzählt. Er wusste auch nicht gleich was er machen sollte. Dann fuhr er zu seiner Lieblingsbäckerei und besah sich mal das Spiel. Er kam auf keinen

grünen Zweig und alleine spielen geht ja sowieso nicht. Dann kam Susi. Susi ist ein liebes, behindertes Mädchen von 22 Jahren. Sie hat das Down Syndrom. Sie fragte meinen Freund, der übrigens Nik heißt, was er da macht. Er erklärte es ihr und dann fing sie einfach so an mit ihm zu spielen, ohne das Spiel überhaupt zu kennen. Es wurde lustig und dann kamen noch ein paar Freunde von Susi und spielten einfach mit. Es wurde eine lustige Partie. Nik filmte das, denn das gefiel ihm. Er probierte dann am nächsten Tag, diese Kinder, sagen wir halt Kinder, denn sie fühlen so, sie in die Werbung zu integrieren. Dem Kunden gefiel das sehr und bat ihm die Kampagne so auszurichten. Also musste er einen Termin im Heim machen und sich auch noch das Okay zu holen. Dann filmten sie zwei Stunden mit verschiedenen Kameras, denn Wiederholen konnten sie das nicht mehr. Es würde nicht mehr klappen. Aber sie hatten mit ihren sieben Kameras genug Material. Mein Freund ist Kameramann und war natürlich auch dabei. Und so wie es Nik erging, erging es auch Willi. Ein Behindertes Kind adoptierte ihn. Nein nicht du adoptierst jemanden. Sie suchen sich jemanden aus. Willi war nicht sehr begeistert davon. Aber mittlerweile hat er ihn akzeptiert und sogar als Freund gewonnen. So machten sich Willi und Nik

*daran die Werbung mit dem Material zu machen.
Und siehe da, es wurde ein voller Erfolg. Normal
bekäme Nik eine Provision, wenn alles passt.
Aber die hat er sich für die Heiminsassen
erbeten. Mal sehen was dieser Mann damit
macht. Ich hoffe, ich darf ihn dann auch
interviewen.*

*Noch etwas gibt es zu berichten. Nik, der
Mann im Rollstuhl, ist im Spital und wird
operiert. Endlich können sie seinen Tumor
wegnehmen. Wünschen wir ihm gutes Gelingen
und gute Besserung. Hoffen wir, dass er
hinterher den Rollstuhl nicht mehr braucht.*

Ihre Beatrice Wolf

Das brachte mich fast zum Weinen. Sie war
doch die Beste. Montagvormittag brachte mich
eine Rettung in das Reha Zentrum. Es war gar
nicht so weit weg. Also konnten Beatrice und
Willi mich öfter besuchen, sollte etwas sein. Dort
fing dann alles noch einmal von vorne an. Ein
Arzt untersuchte mich noch einmal, damit er die
richtige Therapie für mich aufschreiben konnte.
Ich bekam sogar eine Massage, aber nur
Schultern, Arme und Beine. Eine Infrarot
Bestrahlung, eine Bewegungstherapie und

Physiotherapie. Und sogar einmal die Woche eine Psychotherapie, um das alles zu verarbeiten. Viele brauchten das, damit sie sich alles, wegen dem Tumor, sich von der Seele sprechen konnten. Mir tat es auch gut. Und erst als mich am Mittwoch Rudi „besuchte". Er kündigte mich. Bis Ende Jänner wäre ich noch angemeldet. Ich würde dann alle Papiere bekommen damit ich mich beim AMS anmelden konnte. Das warf mich sogar ein paar Tage zurück. Meine Therapeuten verstanden das. Jetzt wo ich bald wieder gehen werde können, entlässt mich Rudi. Ich sah zufällig aus dem Fenster als er ging. Und in seinem Arm war diese Tussi von Baronin von noch etwas. Hatte er sie angesetzt auf die Bäckerei? Das ärgerte mich schon etwas. Aber ich sollte mal an mich denken, damit meine Gesundheit voranschreitet. Ja und ich schritt voran. Ich ließ mich nicht unterkriegen. Jetzt erst recht!

 Am 4. Adventsonntag bekam ich sogar die Zeitung geliefert. Natürlich las ich sie sofort, was Beatrice wieder geschrieben hatte.

Das Heim für Menschen mit besonderen Bedürfnissen

Ich durfte jetzt auch das Heim von diesen besonderen Menschen besuchen. Die Heimleiterin, Bruckner Gabriela, freute sich sehr über meinen Besuch. Sie ist schon über 15 Jahre Heimleiterin in diesem Haus. Hat schon viel gesehen und erlebt. Man konnte nicht genug darüber erzählen. Das wäre ein eigener Artikel wert. Aber zurück zum Heim. Hier leben viele verschiedene Personen. Von gehbehinderten Menschen, auch schwerbehinderten und solche wie Susi, die das Down Syndrom haben. Oder Norbert, der meinen Freund adoptiert hat. Er ist etwas geistig und körperlich behindert. Aber nett zu allen Menschen. Auch gibt es Menschen mit dem Tourettesyndrom hier. Solche die nicht alleine leben können. Sie sind alle nett und freundlich und wenn du nicht aufpasst, umarmen sie dich und lassen dich nicht mehr los. Sie suchen die Nähe und Geborgenheit. Und die wird ihnen hier gegeben. Die Heimleiterin versucht alles um ihnen das Leben so angenehm wie möglich zu machen. Und wenn es möglich ist auch eine Beschäftigung oder eine Arbeit. So wie die bei Angela. Die kann auch gut mit ihnen umgehen. Und sie lieben sie dafür. Dadurch können sie auch Geld verdienen und liegen nicht mit allem auf der Tasche des Heims. Wer kann, mit dem wird in der Bastelstube gebastelt. Mit Holz, Papier oder anderen Sachen, mit denen es sich leicht basteln lässt. Das wird dann auf einem Markt verkauft. Ja das ist auch eine Erleichterung, wenn man nicht persönliche Sachen mit dem Geld kaufen muss, das man für etwas anderes benötigen würde. Jeder von den Heimkindern hat ein Konto. Natürlich kann Frau Bruckner nicht alleine über alles entscheiden. Es gibt einen Bankangestellten und einen gerichtlichen Vormund dafür, die mitentscheiden was mit dem Geld für diejenige Person gemacht wird. Also keine Sorge, sie werden nicht ausgenutzt. Es war ein wunderbarer Nachmittag im Heim. Falls Sie Spenden wollen, schicken sie mir eine Mail und ich leite alles weiter. Danke.

Ja das war wie versprochen meine vier Geschichten vor Weihnachten. Doch ich kann Ihnen jetzt schon etwas versprechen, es gibt noch einen Teil. Den habe ich auch erst am Samstag erfahren. Ich wurde zur Weihnachtsfeier im Heim am 24. Dezember eingeladen. Natürlich berichte ich auch darüber.

P.S.: Ich wurde adoptiert! Ein junges Mädchen wollte nicht von meiner Seite weichen. Sie ist 15 Jahre und heißt Ines. Sie ist leicht behindert und leidet an einer leichteren Form des Tourettesyndroms. Aber man muss sie liebhaben. So jetzt sind wir schon zu dritt, die adoptiert wurden. Und ich bin stolz darauf!

Ihre „adoptierte" Beatrice Wolf.

Mit einem Aug lachte und mit dem anderen weinte ich. Das war wundervoll. Meine Beatrice wurde auch adoptiert. Jetzt musste sich Willi keine Sorgen mehr machen. Der 24. war diesmal ein Mittwoch. Ich hörte schon, dass viele über die Feiertage nach Hause durften und danach wieder zurückkamen. Ich hatte keine Hoffnung, dass ich auch nach Hause durfte. Ich war alleine und wer würde mir helfen? Alleine sollte ich nicht bleiben, noch nicht. Ich konnte doch nicht Beatrice darum bitten. So überraschte es mich das vor 15 Uhr mein Therapeut kam, mir einen Anzug mitbrachte und ich mich umziehen sollte. Er verriet aber auch gar nichts. Auch nicht als ich sagte: „Dann bleibe ich eben hier."

„Aber dann werden Sie nie erfahren welche Überraschung auf Sie gewartet hatte, und Sie werden sich ärgern."

Also musste ich, ob ich wollte oder nicht, mich anziehen. Dann brachte er mich hinunter

und vor der Klinik stand schon eine Limousine.
War die für mich? Von wem? Keiner sagte mir
etwas. Nicht einmal der Chauffeur. Ins Auto
klettern konnte ich schon alleine, wenn auch
langsam. Der Rollstuhl wurde
zusammengeklappt und auch hineingestellt.
Dann fuhr der Wagen los. Ich war schon so
neugierig wer mir den Wagen geschickt hatte.
Auf einmal kannte ich die Straße, wo wir gerade
fuhren. In der Nähe war das Heim. Fuhren wir
dort hin? Wieso? Und wirklich er blieb
davorstehen und der Chauffeur half mir auch
raus. Schon kam Susi angerannt und schob mich
hinein. Frau Frühstück hielt uns die Tür auf. Susi
schob mich in den Speisesaal, wo schon alle
versammelt waren. Auch Angela war hier, aber
das wäre ja nicht verwunderlich. Susi erzählte
schon, dass heute der Weihnachtsmann kommen
soll und die Geschenke bringt. Was sie aber nicht
sagte, dass es das erste Mal war, das er höchst
persönlich kam. Ich begrüßte Frau Bruckner und
auch Angela. Frau Frühstück Ilse war auch
anwesend. Die anderen riefen mir ein Hallo zu
und winkten auch. Damit alle nicht zu nervös
wurden, fingen sie an Weihnachtslieder zu
singen. Dann hörte ich ein vertrautes Geräusch.
Es war Beatrice die Fotos machte.

„Hello Beatrice. Wie kommst du denn her? Oder musst du kommen, weil du dein Adoptivkind besuchen musst?"

„Hello Nik. Ja das auch."

Dann umarmte sie mich rasch, bevor sie weiter knipste. Die Heimkinder sangen fröhlich weiter, bis sie ein Lautes: „Ho, ho, ho!" unterbrach.

Ich drehte mich auch rasch um. Von der Tür her, kam gerade ein Mann, nein der Weihnachtsmann mit seinem großen Sack. Hinterher kam noch ein Junge in einem Elfenkostüm, der einen Wagen nachzog, der auch noch voll mit einem Sack von Geschenken war.

„Ho, ho, ho! Von weit draußen komm ich her. Mein Sack ist noch nicht leer. Ich habe gehört, dieses Jahr wart ihre alle sehr brav. Darum musste ich selber vorbeikommen, um euch die Geschenke zu geben."

Die Kinder haben natürlich schon längst aufgehört zu singen. Mich wunderte es nur, dass keiner zu ihm rann und ihn umarmte. Aber sie sahen ihn alle ehrfürchtig an.

„Ich habe eine Liste bekommen, darauf steht wer sich etwas wünscht. Ich lese jetzt die Namen vor und jeder kommt dann zu mir und holt sich sein Geschenk ab."

Schon stöberte er in seinem Sack und holte ein Paket hervor. Dann las er den Namen und wirklich alle kamen gesittet nach vor. Sagten danke und manche umarmten ihn sogar. Die nicht selber gehen konnten, denen brachte Frau Bruckner das Geschenk. ‚Das war mir eine Ehre heute dabei zu sein. Wer hatte das denn alles organisiert', fragte ich mich. Und mir rann eine Träne über die Wange, die ich rasch wegwischte. Beatrice konnte ich nicht fragen, die hatte zu tun mit dem Fotografieren. Angela stand zu weit weg und Frau Bruckner und Ilse hatten zu tun. Dann war der erste Sack leer. Jetzt nahm er den anderen und fing auch den an zu entleeren. Dann suchte er etwas. Zuerst in den Säcken, dann bei seinem Elfen, und zum Schluss erst bei ihm. Dann griff er in seine rechte Brusttasche und zog vier rote Kuverts heraus. Den ersten gab er Frau Bruckner, die ihn verwirrt ansah. Den zweiten Angela, den dritten Beatrice, die auch perplex war und den letzten gab er mir. Ich studierte mir schon die ganze Zeit ab, wer der Mann sein konnte. Die Stimme kam mir bekannt vor. Doch ich kam nicht darauf. Als er fertig war, wollte er sich verabschieden, doch Beatrice und Frau Bruckner hielten ihn zurück. Sie wollten noch ein Gruppenfoto machen. Auch mit mir und dem Elfen dabei. Der überhaupt gar nicht begeistert war. Ich wurde gar nicht viel gefragt. Susi schob mich schon dazu. Dann knipste Beatrice noch einige Fotos. Dann ging der Weihnachtsmann wieder mit seinem Elfen. Alle hatten brav gewartet und jetzt machten sie alle gleichzeitig die Geschenke auf. Das gab einen Wirbel, denn jetzt ging es nur mehr Ritsche-Ratsche. Alle freuten sich sehr über ihr Geschenk und viele hörte ich sagen: „Das habe ich mir gewünscht!"

Jetzt hatte ich auch Zeit mein Kuvert aufzumachen. Es war ein Gutschein „Für was auch immer" von Herrn Pöller. Aber wie kam der Weihn … Natürlich! Er war es gewesen, also hatte er sein Versprechen eingelöst. Frau Bruckner fiel uns fast in Ohnmacht. Als ich hinkam, sah ich auch wieso. Ihr Kuvert hatte einen Scheck enthalten mit 100 000 Euro. Damit konnte sie viel machen. Beatrice und Angela hatten auch so einen ähnlichen Gutschein wie ich. Und Angela hatte noch einen Scheck mit 10 000 Euro dazu, damit sie ein neues Gerät für die Bäckerei anschaffen konnte. Und auf einmal kam Herr Pöller persönlich herein. Im Schlepptau einen Jungen. Er begrüßte alle freundlich und bedauerte, dass er nicht früher hatte kommen können, dass er auch bei der Bescherung dabei sein hätte können. Jeder schmunzelte. Denn jeder wusste wer der

Weihnachtsmann gewesen war. Außer die Heimbewohner. Wir wollten uns bei ihm bedanken, doch er wehrte ab.

„Das hat doch der Weihnachtsmann gebracht, auch wenn zufällig meine Unterschrift darauf ist."

Ja das war Herr Pöller. Und jetzt verstand ich auch warum Beatrice zur Weihnachtsfeier im Heim geladen war. Dann gab es Punsch, Tee und Kekse von Angela. Natürlich bekamen die Heimbewohner von ihr Kekse und die natürlich gratis. Das ließ sie sich nicht nehmen. Sie schmeckten wunderbar. Leider war ich nicht zu meinen ganzen Keksen gekommen, die ich bestellt hatte für Weihnachten. Aber alleine würde ich sie sowieso nicht essen können. Herr Pöller verabschiedete sich nach einer Stunde. Der junge Mann an seiner Seite war sein Sohn. Er schien, wie der Elf, nicht so begeistert zu sein, dass er hier sein musste. Ja, dann war es auch schon 17 Uhr. Eigentlich sollte ich schon wieder in der Reha sein, denn zwischen 17 und 18 Uhr gab es Abendessen.

„So und wie komme jetzt wieder zur Reha zurück?"

„Alles geregelt", platzte es Beatrice heraus.

Ich sah sie an. Sie stand neben Angela und Frau Bruckner. Alle lächelten verschmitzt.

„So ich muss leider in die Redaktion und meinen Artikel schreiben der morgen in der Zeitung stehen soll. Also noch Frohe Weihnachten an alle", und winkte den Heiminsassen zu.

Dann kam ein Mädchen, das musste wahrscheinlich Ines sein. Sie umarmte sie herzlich und wollte sie nicht loslassen. Dann sagte Beatrice: „Ich habe auch ein Weihnachtsgeschenk, nur musst du mich loslassen damit ich es dir geben kann."

Sie ließ erfreut los und Beatrice ging zu ihrer Kameratasche und holte ein großes Paket raus. Ines freute sich riesig. Sie machte es auch sofort auf. Es war ein Computer, mit dem sie lernen konnte. Das freute sie sehr. Auch für Norbert hatte sie etwas mit. Leider hatte Willi nicht kommen können, er musste woanders etwas filmen. Norbert freute sich trotzdem. Beatrice konnte ihm versprechen, dass Willi morgen vorbeikommen würde und ihm sein Geschenk erklären wird. Das freute ihn so sehr, dass er sein Geschenk erst morgen aufmachen würde, mit Willi. Jetzt fiel mir erst ein, dass ich nichts für Susi hatte.

„Susi, es tut mir leid, leider habe ich kein Geschenk für dich. Ich wusste ja nicht, dass ich heute hier sein werde."

„Nikolaus," Wie ich den Namen hasste, „Du bist mein Geschenk. Ich habe es mir gewunschen und es Gabi gesagt. Sie sagte, sie würde es dem Weihnachtsmann sagen, vielleicht kann er das auch organisieren."

Jetzt war ich platt und noch der Beschenkte dazu. Aber es sollte nicht bei dem bleiben.

„Und wie komme ich jetzt wieder zurück? Hat das der Weihnachtsmann auch organisiert?", fragte ich ironisch.

„Natürlich", sagte Angela und schob mich schon zur Tür.

„Frohe Weihnachten euch allen!", rief sie zurück.

Ich schloss mich dem an. Dann waren wir bei der Tür durch und draußen erwartete mich ein Schlitten. Ein Schlitten einer Limousine. Diesmal etwas weihnachtlich aufgeputzt. Der Chauffeur wartete schon mit offener Tür.

„Herr Pöller borgt Ihnen seinen Wagen, sooft sie ihn dieser Tage brauchen. Hier ist meine Nummer, damit sie mich anrufen können."

Borgt mir seinen Wagen. War das ironisch? Ich werde wieder in die Klinik gebracht und was dann? Sollte ich ihn anrufen, wenn ich eine Runde im Ort drehen wollte? Auch Angela stieg ein. Wahrscheinlich würde sie auch nach Hause gebracht werden. Doch wie ich mich irrte. Es ging zu meiner Wohnung, wo auch Angela ausstieg.

„Was soll ich hier? Ich soll doch nicht alleine bleiben und es ist gar nichts zu Hause."

„Frohe Weihnachten!", sagte Angela, „Von Herrn Pöller, von Beatrice und Willi und von mir. Es ist unser Weihnachtsgeschenk für dich. Du bist bis Sonntag zu Hause. Und das nicht alleine."

Ich musste sie wie blöde angestarrt haben. Sie schob mich auch schon in den Aufzug hoch zu meiner Wohnung. Dort erwartete mich die nächste Überraschung. Angela sperrte mit dem Reserveschlüssel von mir auf, den Beatrice hatte. Was hatten sie alles hinter meinem Rücken gemacht? Die Wohnung war aufgeräumt, geschmückt und ein wunderbarer Duft lag in der Luft. Im Wohnzimmer war schon für zwei Personen gedeckt. Zwei? Wer kam noch? Ich sah Angela fragend an.

„Ich bleibe bis Sonntag hier", antwortete sie auf meine ungestellte Frage.

„Wie? Was? Wann?", fragte ich verwirrt.

„Komm her und setz dich zum Tisch. Während wir uns stärken, erzähle ich dir alles."

„Könnte ich mir etwas Bequemeres bitte anziehen? Ich fürchte der Anzug muss vielleicht daran glauben."

„Natürlich. Brauchst du Hilfe? Deine Tasche steht im Schlafzimmer."

Ich wollte schon etwas fragen, doch ich ließ es.

„Später. Ich erkläre dir alles", sagte sie als wüsste sie schon was ich fragen wollte.

Damit fuhr ich in mein Schlafzimmer. Dort war wirklich meine Tasche. Ich zog mich rasch um, zumindest so gut es ging. Ein Jogger war mir in letzter Zeit mein Lieblings Kleidungsstück. Das war sehr bequem auf der Reha. Als ich zurückkam, hatte Angela auch ihren Mantel schon ausgezogen, sogar ihr schönes grünes Kleid hatte sie gegen eine Jeans und einen roten Pullover getauscht. Aber woher hatte sie das? Was hatte sie gesagt? Sie bleibt bis Sonntag. Jetzt war ich aber sehr neugierig geworden. Das Essen war zweitrangig. Ich wollte jetzt alles wissen.

„Und wer hat Christkind gespielt? Damit ich auch über die Feiertage zu Hause sein kann? Und wer hat das alles organisiert?", platzte es aus mir heraus.

„Susi, wer sonst. Sie konnte es sich nicht vorstellen wie du Weihnachten dort feiern solltest. Außerdem solltest du hier bei ihrer Weihnachtsfeier dabei sein, wenn schon der Weihnachtsmann kommt."

Ich konnte drüber nur lachen. Susi wer sonst?

„Aber sie kann das nicht organisiert haben."

„Nein. Sie ging uns nur auf die Nerven damit, dass wir etwas unternehmen mussten. Wir, damit meine ich Frau Bruckner, Beatrice und mich. Beatrice hatte ja einen Termin bei Herrn Pöller am Samstag. Dem erzählte sie auch was sich Susi wünschte. Doch wir wussten nicht wie wir das anstellen sollten, ohne dass du etwas davon mitbekommst. Das erledigte Herr Pöller. Da du die Kampagne hervorragend hingebracht hattest, in der kurzen Zeit, wollte er dir auch helfen. Er rief auf der Reha an. Die waren sogar froh das du auch nach Hause konntest und nicht fast alleine dortbleiben musst. Nur unter einer Bedingung, dass jemand bei dir bleibt die ganze Zeit. Ja und da ich alleine bin, übernahm ich das. Beatrice kaufte ein für die Feiertage. Sie hatte ja den Schlüssel. Ein Therapeut musste heimlich deine, wichtigsten Sachen packen, die kamen heimlich in das Auto. Meine Sachen kamen dann beim Heim dazu und Beatrice gab dem Fahrer verstohlen deinen Schlüssel, damit er alles hier abladen konnte. Nachdem er Herrn Pöller, sprich den Weihnachtsmann, beim Heim ablud. Der zog sich dann in einem Nebenraum um und kam wieder als Herr Pöller zurück. Also hatte der

Chauffeur genug Zeit alles zu erledigen. Die kalte Platte hier, hat auch er organisiert für uns beide. Und es sollte sogar Wein eingekühlt sein. Ja, somit hast du mich jetzt die ganzen Feiertage am Hals. Falls du wohin fahren willst, weißt du, du hast einen Fahrbaren Untersatz, den du nur zu rufen brauchst. Und Susi hat ihr Weihnachtsgeschenk bekommen. Sie war ganz aus dem Häuschen, als sie dich aus der Limousine aussteigen sah. Das ließ sie sich dann nicht nehmen, dich höchst persönlich hineinzuschieben. Und jeder freute sich dich auch im Heim dabei zu haben."

„Auch du?"

„Auch ich."

Ich konnte das immer noch nicht glauben. Ich war zu Hause über die Feiertage und ich dachte das würden die traurigsten seit Jahren werden. Und es wurden die besten die ich je hatte.

„Und du glaubst, der Wagen wird für mich Zeit haben? Den wird Herr Pöller selber brauchen."

„Nein. Die fliegen Morgen weg. Und kommen am Sonntag wieder. Du wirst bist 17 Uhr in die Klinik gebracht und dann holt er die Familie Pöller vom Flughafen ab. Wie du siehst, es geht sich alles aus."

Und was sollte ich jetzt dagegen sagen? Es war alles gerichtet und geplant worden.

„Na dann stoßen wir an", und sah mich um.

„Was suchst du?", fragte mich Angela.

Diesmal ahnte sie es nicht, was ich wollte.

„Ich suche etwas zum Anstoßen, aber nicht etwas mit dem man sich weh tut, sondern etwas flüssiges."

Sie lachte, denn jetzt verstand sie es. Angela stand auf, holte Wein und Gläser, schenkte ein und dann konnten wir miteinander anstoßen.

„Auf die wunderbarsten Weihnachten, die ich je hatte."

Da stimmte sie mir zu. Jetzt endlich konnten wir unser Essen genießen. Dazu tranken wir den Wein, der wirklich köstlich schmeckte. Auch das Essen war hervorragend. Wir alberten herum, tranken den Wein und genossen die Ruhe und den Frieden. Angela hatte schon Wasser und Gläser dazu geholt, ansonsten würden wir sofort betrunken sein.

„Wieviel Wein haben wir denn? Müssen wir sparen?", fragte ich sie, als die Flasche leer war.

„Ich glaube, wenn wir sparen, kommen wir bis Sonntag durch, wenn wir jeden Tag eine trinken."

„Och! Das ist nicht viel. Ich glaube, ich habe auch noch wo welche versteckt, also können wir jeden Tag zwei trinken. Eine zu Mittag und die andere am Abend als Abendtrunk. Machst du mit?"

„Wird mir wohl nichts anderes übrigbleiben, oder?", meinte sie schon lachend.

Sie holte noch eine, denn es war Hl. Abend und es musste keiner fahren oder mehr raus. Da wir schon fertig mit dem Essen waren, räumte sie rasch ab. Da ich einen Geschirrspüler hatte, konnte sie dort alles gleich einräumen. Dann setzte sie sich zu mir auf die Couch.

„Jetzt kann ich dir auch noch persönlich, frohe Weihnachten, wünschen", und stieß mit mir an.

Das hätte ich nicht erwartet, mit ihr hier an Hl. Abend zu sitzen und Wein zu trinken. Zumindest nicht diesen Hl. Abend. Vielleicht einen demnächst.

„Da ich auch kein Geschenk für dich habe, darfst du dir etwas wünschen. Und wenn ich es dir erfüllen kann, schenke ich es dir."

„Was willst du mir noch schenken? Ich bin hier in meiner Wohnung und nicht im Rehazentrum. Ich durfte bei der Weihnachtsfeier mit dabei sein. Und du bist die ganzen Feiertage hier bei mir. Also was soll ich mir wünschen?"

„Ja das ist von uns allen, und ich trage auch einen kleinen Teil bei. Was ich gerne tue, schon wegen Susi. Apropos Susi, die will dich am 2. Feiertag besuchen oder wir besuchen sie im Heim. Damit sie sieht, dass es dir gut geht. Weil sonst liegt sie uns wieder damit in den Ohren. Und du weißt mittlerweile schon wie sie ist."

„Ja, das weiß ich zur Genüge. Weil sonst würde ich nicht hier sitzen, sondern allein in meinem Bett liegen und traurig sein. Also habe ich euch viel zu verdanken und müsste euch beschenken."

„Wenn du nur wieder ganz gesund wirst, das ist für uns alle, Geschenk genug."

„Mir würde schon etwas einfallen, was ich mir wünsche, doch ob dir das gefällt weiß ich nicht."

„Und was wäre das?", fragte sie zögerlich.

Sie dürfte es ahnen, was ich wollte, denn sie versteifte sich automatisch.

„Sagen wir mal so. Ich würde dich gerne fragen, was es mit deiner Gabe auf sich hat. Aber erzähl mir lieber von dir. Wie du Bäckerin geworden bist und ob nicht wo ein Mann auf dich wartet."

Sie wurde kurz rot.

„Das ist sehr schlau umschifft. So bekommst du es vielleicht auch raus. Und du erfährst nebenbei mehr über mich."

„Schlaues Mädchen. Also erfüllst du mir diesen Wunsch?"

„Das wird aber eine lange Geschichte."

„Macht nichts. Wir haben Zeit. Oder hast du noch etwas vor?"

„Nein ich habe nichts vor. Nur wenn es dir zu langweilig wird oder du zu müde, musst du es mir sagen. Wir haben noch vier Tage dafür Zeit."

„Gut abgemacht, aber vorher gehe ich noch auf die Toilette, weil sonst könnte es wirklich lange werden."

Beide lachten wir. Ohne meinen Rollstuhl ging ich langsam zur Toilette. Ich sollte sicher auch zu Hause etwas üben. Gut, dass sie nicht weit weg war. Angela wartete auf der Couch auf mich. Sie hatte mich sicherheitshalber bis zur Tür begleitet.

„So jetzt gehe ich auch rasch, denn sonst wird es für mich zu lange."

Ich konnte nur lächeln. Kurze Zeit später kam sie dann wieder erfrischt zurück.

„Also was willst du genau wissen?"

„Alles. Wann du geboren bist, wo du zur Schule gegangen bist, wo du gelernt hast usw."

„Das wird wirklich lang."

Sie setzte sich auch gemütlich hin und trank noch einen Schluck. Dann begann sie zu erzählen.

„Ich bin am 11. Juli geboren. In einem kleinen Dorf aufgewachsen. Mutter und Vater haben mich streng erzogen. Nicht nur mich sondern auch meinen um zwei Jahre älteren Bruder Robert. So streng, dass dieser als er 18 war, ausgezogen ist. Ich machte da gerade eine Lehre als Bäckerin und Konditorin. Vater ärgerte es oft, da ich als Bäckerin schon um Mitternacht oft anfangen habe müssen, und ich nicht am Tag viel mithelfen konnte. Um 10 Uhr vormittags, wenn ich nach Hause kam, fiel ich dann nur mehr ins Bett bis 14 oder 15 Uhr und ging um 20 Uhr schon wieder schlafen, weil ich um 23 Uhr schon wieder fit sein musste. Dazwischen konnte ich nicht viel helfen. Zuerst hatte er sich sehr gefreut, dass ich Bäckerin wurde, denn ich konnte gratis Brot und Gebäck mitnehmen. Er dachte, ich würde alles gratis bekommen, aber die Menge, die er wollte, gab es nicht gratis. Er kam sogar einmal ins Geschäft und glaubte er könne etwas holen, weil ich dort arbeitete und er brauchte nichts zu bezahlen. Da hatte ihn mein Chef ganz schön zusammengestaucht. Drei Kilo Brot, 36 Semmeln und noch einiges an Gebäck in der Woche, brauchte mein Vater. Das konnte sich der Bäckermeister auch nicht leisten. Manchmal wollte er sogar noch mehr. Mein Chef kläre ihn dann auf. Ja ich bekomme etwas gratis mit, aber nicht in diesen Mengen. Seitdem traute sich Vater nichts mehr sagen. Ich weiß nicht was er ihm sonst noch gesagt hatte. Nach meiner Lehre blieb ich noch einige Zeit, dann suchte ich mir woanders etwas. Dazu musste ich auch ausziehen, weil die Arbeit weiter weg war. Das passte meinen Vater ganz und gar nicht. Denn woher würde er jetzt gratis Brot und Gebäck bekommen? Aber das war mir egal. So zog ich aus und lebte sehr gut alleine. Bis ich meinen Freund kennen lernte. Am Anfang war er sehr nett. Doch sein wahres Gesicht zeigte er erst Jahre später. Er zog dann in meine Wohnung, weil die größer war als seine. Er wollte kaum etwas dafür bezahlen. Doch wenn er hier wohnen wollte, musste er sich auch an der Miete beteiligen. Was ihm gar nicht gefiel. Auch an den Nebenkosten. Das musste er alles überweisen lassen, damit alles seine Richtigkeit hatte. Er wollte es mir monatlich immer bar zahlen. Auf das ließ ich mich nicht ein. Denn am Anfang schob er es immer wieder hinaus und so lebte er auf meine Kosten. Das gefiel mir ganz und gar nicht. Sollte es da wie bei meinem Vater weiter gehen? Ich stellte ihm ein Ultimatum, das gefiel ihm gar nicht, denn er beteuerte mir immer wieder, dass er nur mich liebt. Das ging drei Jahre dann gut. Manchmal mehr mit streiten als im Einvernehmen. Ich dachte schon ans Schluss machen, als ich merkte, dass ich schwanger war. Aber das konnte doch nicht sein. Wir benutzen doch immer Kondome während der gefährlichen Zeit, obwohl ich die Pille auch nahm. Aber auf die wollte ich mich nicht verlassen. Der Arzt fragte mich dann auch ob ich vielleicht mal Durchfall hatte oder die Kondome vielleicht schon älter waren. Kondome konnte ich mir nicht vorstellen, dass sie alt waren, denn er kaufte sie immer. Aber ich hatte mal Durchfall gehabt, und das passte in die Zeit. Zu Hause sah ich aber trotzdem noch auch die Kondome an. Die waren aber alle abgelaufen. Ich stellte ihn zur Rede. Er kam mit der Ausrede, ich nehme doch eh die Pille und die Kondome hatte er günstig von einem Freund, der ein Puff betreibt, bekommen.

„Ja so günstig, weil sie alt waren! Und jetzt bin ich schwanger, weil ich zu der Zeit Durchfall hatte und die Pille nicht wirkte. Hättest du ein gutes Kondom gehabt, wäre das nicht passiert", schrie ich ihn an.

„Ist das jetzt meine Sorge? Lass es doch wegnehmen, so wie die Puffweiber, wenn etwas passiert. Ich besorge dir eine Adresse dafür. Was es kostet zahle ich dann", sagte er wütend auf mich als hätte ich alleine Schuld. Dafür hätte er Geld aber für die Wohnung herumknausern? Ich starrte ihn nur an und warf ihn hochkantig raus. Seine Kleidung sollte er sich am nächsten Tag abholen. Er tobte zwar, aber das war mir egal. Es war meine Wohnung, sie stand auf meinem Namen. Er war nur gemeldet. Den Schlüssel hatte ich ihm auch gleich abgenommen, nicht dass er glaubt, er könne sich in der Nacht rein schleichen. Er kann bei einem Freund übernachten. Vielleicht bei seinem Puff Freund. Die Kleidung packte ich noch am gleichen Tag und stellte sie ihm am nächsten Tag vor die Tür. Ich wollte ihn nicht mehr sehen. Später erfuhr ich, dass er noch andere Frauen hatte und auch in den Puff ging."

Während ihrer Erzählung tranken wir nebenbei noch den Wein. Aber der freudige Stress, der Alkohol und mein körperlicher Zustand sagten schon seit einiger Zeit: „Geh ins Bett!"

Ich hatte es bemerkt als mir der Kopf auf die Brust fiel. Auch Angela hatte es mitbekommen. Ich wollte noch ihrer Erzählung lauschen, doch meine Augen wollten nicht mehr so. Die fielen mir ständig zu. Angela begleitete mich dann ins Bad. Ich machte heute nur eine

Katzenwäsche und fiel nur mehr ins Bett. Ich kam gar nicht zum Überlegen wo Angela denn schlafen würde.

Am nächsten Morgen wurde ich wach und wusste nicht wo ich war. Meine Gedanken mussten sich erst ordnen. Dann fiel mir die Weihnachtsfeier ein, Angela und dass ich in meiner Wohnung war. Ich drehte mich viel zu schnell um und merkte nicht, dass ich schon auf der Kante lag. Rumps, lag ich auf dem Boden. Gut, dass ich einen Spannbelag hatte. Eine verstörte und ängstliche Angela kam sofort in mein Zimmer.

„Nik! Was ist denn geschehen? Wieso bist du auf den Boden gefallen?"

„Weil das Bett aus war? Im Spital und auf der Reha gibt es nur schmale Betten. Ich bin kein großes mehr gewohnt. Da merkt man sofort wo das Bett zu Ende ist. Jetzt wollte ich mich umdrehen und aufsetzen, nur das Bett war aus."

Angela sah mich verwirrt an.

„Ich hätte dich doch in die Mitte legen sollen, gestern Abend."

„Oder besser du zu mir, dann wäre ich sicher nicht runtergefallen. Aber wo hast du eigentlich geschlafen?"

Da ich kein Gästezimmer hatte und sie nicht in meinem Bett geschlafen hatte, wo war sie dann?

„Ich habe auf der Couch übernachtet."

„So siehst du auch aus! Hast du gleich in deinen Klamotten geschlafen?"

„Nein. Ich habe mich schon umgezogen und auch dein Bad benutzt. Da ich um 7 Uhr nicht mehr schlafen habe können, habe ich schon angefangen zu kochen. Und jetzt hast du mir einen ganz schönen Schrecken eingejagt."

Langsam half sie mir hoch und auf das Bett.

„Fehlt dir etwas? Tut dir etwas weh?", und drückte mir Arme und Beine.

Das war so ungewohnt bei ihr. Sie, die nie jemanden oder selten wen die Hand gab. Es war irgendwie ein komisches Gefühl. Ich nahm ihre Hände und hielt sie in meinen.

„Es geht mir gut, danke", und hielt ihre Hände fest.

Dann merkte sie auch, dass ich ihre Hände hielt. Zuerst starrte sie auf ihre Hände dann auf mich.

„Es tut sich nichts", sagte sie verwirrt.

„Wieso sollte sich etwas tun?"

„Es tut sich immer etwas, wenn ich jemanden angreife."

„Vielleicht brauche ich keine Hilfe, darum wird sich auch nichts tun."

Sie sah mich noch eine Weile an, dann hörten wir etwas von der Küche. Sofort stürmte sie raus. Ich begab mich langsam ins Bad. Als ich zurückkam, werkelte sie wieder in der Küche. Jetzt erst sah ich auf die Uhr. Es war schon halb 10 Uhr. So lange hatte ich geschlafen?

„Bekomme ich noch einen Kaffee und eine Kleinigkeit zum Essen?"

Sie deutete ins Wohnzimmer. Dort stand schon alles auf dem Tisch. Ich ging langsam hin und aß genüsslich mein Frühstück. Sie setzte sich kurz zu mir.

„Du brauchst dich aber nicht sehr beeilen mit dem Essen. Wenn ich jetzt erst etwas gegessen habe, brauche ich nicht pünktlich um 12 Uhr mein Mittagessen."

„Nein. Es gibt erst um 13 Uhr Mittagessen. Denn das bin ich gewohnt. Ich esse unter der Woche auch nicht früher. Und so mache ich es an Sonn - und Feiertagen auch so."

„Was gibt es eigentlich zum Essen?"

„Knoblauchcremesuppe, Pute Natur mit Reis und grünem Salat."

„Und keine Nachspeise?"

„Doch. Weihnachtskekse die du bestellt hast."

Jetzt starrte ich sie an.

„Ich dachte die hast du schon verkauft, weil ich ja in der Reha bin."

„Nein, die hat der Chauffeur auch mitgenommen", lachte und ging zurück in die Küche.

Dann kam sie mit ein paar Stück Keksen auf einem Teller zurück und nahm mein Geschirr wieder in die Küche mit. Ich hörte sie dort rumoren. Dann kam sie mit einer Flasche Wasser und Gläser zurück.

„Jetzt habe ich noch ein bisschen Zeit. Wir wäre es, wenn du jetzt von dir etwas erzählst."

„Bei mir gibt es nicht viel zu erzählen. So wie bei dir. Ich bin einfach gestrickt."

„Einfach gestrickt! Ihr Männer und einfach gestrickt. Ja wenn ich mir meinen Ex-Freund ansehe, ja der war eigentlich einfach gestrickt. Wenn man es genauer betrachtet."

„Also ich bin nicht glatt oder verkehrt? Ich habe ein schwieriges Muster? Das ist ja fast eine Ehre von dir."

Jetzt musste auch Angela lachen.

„Bist du immer so drauf?"

„Ja oft. Wieso? Gefällt dir das nicht?"

„Doch. Du bringst mich wenigstens zum Lachen. Sogar wenn du schläfst, lächle ich oft."

Jetzt wurde sie wieder rot und es war ihr etwas peinlich.

„Es braucht dir nicht peinlich sein. Dann müsste mir mein Bettunfall auch peinlich sein. Aber es war so und kann jedem passieren."

„Ich hoffe, das passiert dir nicht mehr wieder."

Jetzt waren wir beide still und starrten uns nur an. Es lag etwas in der Luft und keiner konnte sagen was. Angela griff zum Glas mit Wasser und trank vor Verlegenheit. Auch ich trank etwas, denn meine Kehle war wie zugeschnürt. Um etwas zu sagen, fing ich dann über mich zu erzählen an.

„Ich bin am 10. August geboren. Meine Mutter war Näherin und mein Vater Maurer. Sie haben mich ehrlich und natürlich erzogen. Nicht zu streng oder zu sanft. Sie ließen mich wählen, manchmal sogar ob es gut oder auch nicht gut war. So lernte ich was gut für mich war und auch recht. Die Volksschule und das Gymnasium schaffte ich locker, dann studierte ich Grafikdesign. Meine Mutter konnte sich da gar nichts vorstellen. Auch nicht als ich ihr sagte, dass die Werbung auch dazu gehört. Das war etwas zu hoch für sie. Sie sieht sie zwar oder sieht die Plakate oder Fotos aber für die sind die schon fertig. Dass die aber noch wer machen muss, das kapierte sie nicht. Zuerst war ich in einer anderen Firma, später kam ich dann zu Rudi. Er wurde ein Freund für mich. Aber seitdem ich nicht mehr arbeiten konnte, war es so ziemlich mit der Freundschaft auch aus. Dass er mich doch zurücknahm, wunderte mich und ich dachte er wäre doch ein guter Freund. Aber was ich jetzt so mitbekommen habe, hatte er mich nur aus Mitleid wieder aufgenommen, um mich später zu kündigen, weil ich nichts schaffe. Doch da habe ich ihm dann mit der Kampagne einen Strich durch die Rechnung gemacht. Und jetzt setzte er mich als Feuerwehr ein. Überall wo es Probleme gab, sollte ich helfen. Damit die Aufträge gut raus gingen und er als guter Mann dasteht. Leider fällt ihm selber auch nichts mehr gewinnbringendes ein. Und damit er einen Grund hat mich zu kündigen, bekomme ich keinen eigenen Auftrag mehr. Ich glaube, wenn ich gesund bin, sollte ich mir einen neuen Job suchen. Dort werde ich nicht mehr lange bleiben, denn er hat mir schon die Kündigung vorbeigebracht. Jetzt wird es mir noch nicht viel nutzen, denn so wird mich kaum einer nehmen."

„Ich würde dich sofort in der Backstube anstellen."

„Ja du. Du bist die berühmte Ausnahme."

Wir lächelten uns wieder an. Dann musste sie wieder in die Küche und machte das Essen fertig. Ich konnte jetzt meinen Gedanken freien Lauf lassen. Angela holte mich wieder zurück als sie den großen Tisch deckte. Na-ja vom Couchtisch konnte man doch nicht so gut essen. Ich half ihr ein wenig beim Aufdecken. Da sie schon früher fertig war, gingen wir schon essen. Einen Wein hatte sie auch auf den Tisch gestellt.

„Aber jetzt trinken wir nicht so viel wie gestern Abend. Sonst schläfst du mir hier noch am Tisch ein."

Ich konnte nur lächeln. Ja, müde wurde ich immer noch schnell. Das Essen schmeckte hervorragend. Sie war nicht nur eine gute Bäckerin, sondern auch eine gute Köchin. Das sagte ich ihr auch.

„Meine Mutter hat mir das beigebracht. Sie hat zwar nicht Köchin gelernt, aber sie hat in einer Großküche mal gearbeitet. Dort hatte sie viel gelernt. Dann kam mein Bruder und sie konnte dort nicht mehr arbeiten. Danach ging sie nur mehr putzen. Mal dort mal da."

Nach dem Essen setzten wir uns mit einem Gläschen Wein wieder auf die Couch. Wir sprachen dann noch etwas über Rudi und seine Firma. Dann merkte ich, wie ich schon wieder müde wurde. Ich hängte schon halb auf der Couch. Dann nahm ich ein Kissen, legte es auf Angelas Beine, sagte „Entschuldigung" und legte mich so zu ihr. Sie sagte auch gar nichts dagegen. Nach einer Stunde wurde ich wach und merkte, dass sich Angela streckte. Sofort setzte ich mich auf.

„Entschuldige, dass ich dich als Polster benutzt habe. Aber ich bin so müde geworden, dass ich ein Kissen brauchte. Und das war zu verlockend. Nachdenken hatte ich leider auch nicht richtig können."

„Macht nichts. Ich habe mir auch ein Kissen geschnappt, mich zurückgelegt und auch ein Nickerchen gemacht. Das tat gut."

Beide lachten wir.

„So jetzt könntest du wieder weitererzählen", meinte ich.

„Nein, wir machen jetzt etwas Besseres. Wir vertreten uns die Beine."

„Das ist auch keine schlechte Idee. Aber wo sollen wir uns die Beine vertreten? Hier fünf Mal durch die Wohnung?"

„Nein. Hier in der Nähe gibt es einen Park. Dort fahren wir mit dem Rollstuhl hin und gehen ein Stück spazieren. Wenn es dir zu viel wird, kannst du dich wieder in den Rollstuhl setzen."

„Hat dir das mein Therapeut verraten?"

„Nein Herr Pöller, er hat mit dem Arzt gesprochen.

Ich konnte nur lachen. Na, wer denn sonst. Es wurde ja alles organisiert für mich. Wir zogen uns warm an und gingen in den Park. Dort tauschten wir. Sie hatte mich bis dort hingebracht, jetzt durfte ich den Rollstuhl schieben. Da ich noch etwas wackelig auf den Beinen war, brauchte ich ihn zur Unterstützung. Ich schaffte fast die ganze Runde im Park. Das letzte Stück musste ich mich setzen. Nach der Zeit her, war es sogar länger als auf der Reha. Wir sahen uns dann ein bisschen die Auslagen an. Ich erzählte ihr, was man vielleicht besser machen könne in den Auslagen. Auch kamen wir an einer Schmuck Auslage vorbei. Da war nichts zu beanstanden. Wir sahen uns den Schmuck an und sagten auch was uns gefiel. Leider hatten wir für das zu unterschiedliche Ansichten, leider. Danach fuhren wir wieder nach Hause. Dort angekommen setzten wir uns mit einem wärmenden Tee auf die Couch. Der Ausflug hatte gutgetan. Ich sah Angela zu wie sie ihren Tee trank.

„Was starrst du mich so an?"

„Weil ich es immer noch nicht verstehe."

„Was?"

„Das mit deiner Kraft. Wie ging es eigentlich weiter mit deinem Freund? Und hattest du die Kraft schon immer?"

„Nein", sagte sie und nahm einen Schluck Tee.

„Nein, was?" fragte ich nach, da sie nicht gleich weitersprach und in die Ferne sah.

Musste sie sich wieder erinnern oder schmerzte es zu sehr, wenn sie daran dachte?

„Wenn es dich zu sehr schmerzt, dann lass es bitte lieber", sagte ich leise.

Ich wollte sie nicht traurig machen.

„Nein. Über das bin ich hinweg. Ich überlege nur wie ich das erzählen soll, was dann geschah."

Ich ließ ihr Zeit, denn das konnte man nicht auf Knopfdruck erzählen. So etwas verstand ich auch.

„Er war ein Arschloch", presste sie heraus und sah immer noch in die Ferne.

Das überraschte mich jetzt. So etwas aus ihrem Mund zu hören. Ja er war es sicher, wenn er ihr sagte, sie solle es abtreiben.

„Er dachte, weil er bei mir gewohnt hat, hat er auch ein Anrecht auf die Hälfte der Wohnung. Doch er hat zu der Wohnung nichts dazu bezahlt. Und Alimente wollte er auch nicht zahlen. Dann glaubte er, schlau zu sein, wenn er mir die Hälfte der Wohnung doch überlässt, braucht er keine Alimente zu bezahlen. Doch sein Anwalt belehrte ihn eines Besseren. Das er überhaupt kein Anrecht auf die Wohnung hat, wenn er nicht angeschrieben ist. Sprich beim Kauf nichts bezahlt hat. Und Miete war keine Anzahlung auf die Wohnung. Er wurde Fuchsteufel wild auch noch, da ich nicht abtreiben wollte. Denn er wollte keine Alimente bezahlen und behauptete, dass es nicht sein Kind war. Und erst recht als es behindert zur Welt kam. In der Schwangerschaft bekam ich ein Medikament, dass ich nicht vertrug. Da sträubte er sich noch mehr. Aber er musste, laut richterlichem Befehl, einen Vaterschaftstest machen und der sagte aus, dass er der Vater war. Er hatte sich nie sein Kind angesehen. Dabei war sie so ein süßes Mädchen. Leider war sie oft krank und dann bekam sie eine Grippe, von der sie sich nicht erholt hat und einige Zeit später starb. Ich weiß nicht, vielleicht war es gut, vielleicht auch nicht. Mein kleiner Engel wurde nur fünf Jahre. Sie hat mich sehr glücklich gemacht."

Hier machte und brauchte sie eine Pause. Ich sagte nichts und drängte sie auch nicht. Sie stand dann auf und richtete das Abendessen. Das nahmen wir wieder im Wohnzimmer ein. Wir aßen den Rest des Aufschnittes und noch etwas

Mehlspeise. Dann setzten wir uns gemütlich mit einem Glas Wein auf die Couch. Es sah aus als hätte sie sich schon wieder gefangen.

„Was willst du machen nach der Reha? Eine andere Firma suchen wo du anfangen kannst oder gar selbstständig machen?"

„Am liebsten würde ich wo in einer Firma wieder arbeiten. Aber wenn ich es schaffen sollte, könnte ich mir vielleicht eine Selbstständigkeit auch vorstellen. Leute kenne ich genug. Am Anfang könnte ich alles von hier aus machen. Später weiß ich nicht. Aber ich werde zuerst eine Anstellung suchen. Über das andere zerbreche ich mir den Kopf später."

So konnte man auch vom Thema ablenken. Es wunderte mich, dass sie mir davon überhaupt erzählte. Ich dachte nicht, dass sie mir alles erzählen würde. Eher, dass sie mir ausweicht und nur eine Kleinigkeit erzählt. Jetzt war ich mit meinen Gedanken woanders.

„Hallo! Willst du noch ein Glas Wein?", fragte sie mich.

So wie sie mich ansah und mit den Händen winkte, fragte sie nicht das erste Mal.

„Ja bitte", und trank meinen Schluck noch aus.

Dann kam sie mit einer frischen Flasche daher. Das war einer von meinen.

„Ich darf doch, oder?", fragte sie mich sicherheitshalber.

„Ja natürlich. Habe ich doch gesagt. Und außerdem irgendwann gehört der auch weg, dass ich wieder frischen kaufen kann. Komme so selten dazu einen zu trinken. Trinkst du übrigens gerne Wein?"

„Wenn er mir schmeckt schon. Mal sehen wie der ist."

Beide machten wir einen Schluck und verzogen sofort den Mund. Der war sauer. Anscheinend lag der schon zu lange. Angela nahm sofort alles mit und holte eine neue Flasche und neue Gläser und brachte auch Wasser mit. Sofort tranken wir ein halbes Glas zum Runterspülen.

„Der ist jetzt gut. Ich habe mir erlaubt ihn schon zu kosten. Ist zwar der Gleiche, aber der ist okay."

Dann prosteten wir uns zu.

„Auf alle Engel dieser Welt", und stieß mit mir zusammen.

„Ja auf alle Engel dieser Welt."

Sie war übrigens auch einer, wenn auch nur für mich. Und für das Heim.

„Jetzt wäre etwas Knabbergebäck dazu nicht schlecht. Das süße passt so gar nicht dazu. Nichts gegen deine Kekse, aber etwas Salziges wäre mir lieber. Haben wir so etwas in diesem Haushalt? Ich bin diesmal überfragt."

„Ich werde nachsehen, ob so etwas in dem Haushalt zu finden ist."

Schon stand sie auf und ging in die Küche. Dort hörte ich sie stöbern. Dann hörte ich es rascheln. Hatte sie etwas gefunden? Und schon kam sie mit zwei Schalen daher. In einer waren Chips, in der anderen Knabbergebäck.

„Ich wusste nicht was du lieber hast. So habe ich beides genommen. Ja es war noch etwas da. Und sollten wir Samstag auch was knabbern wollen, dann sollten wir noch etwas einkaufen oder wir sparen."

„Nee, sparen will ich sicher nicht. Dann gehen wir halt etwas einkaufen. Du siehst nach was da ist und was wir noch brauchen und dann machen wir das Geschäft unsicher", und lächelte sie dabei an.

„Gut abgemacht. Du versteckst alles im Rollstuhl und dann fahren wir damit raus."

Ich konnte über das nur lachen. Dass sie über so etwas scherzte, wunderte ich mich.

„Hast du eigentlich noch deine Eltern?", fragte sie mich jetzt ganz aus der Reihe.

„Ja. Meine Mutter lebt in Deutschland. Mit ihr habe ich noch etwas Kontakt. Mein Vater ist in Tirol. Mit ihm habe ich gar keinen Kontakt.

Leider habe ich mich mit seiner Freundin gestritten. Das war nicht so gut. Sie ist zwei Jahre jünger als ich."

Jetzt starrte sie mich an.

„Wie alt bist du, wenn ich fragen darf?"

„36"

„UPS!"

„Ja genau!", und lachte.

„Und deine Mutter besuchst du nicht zu Weihnachten?"

„Selten. Sie ist 300 km entfernt. Da macht man nicht so einfach einen Besuch."

„Oh! Und anrufen?"

„Ja telefonieren tun wir öfter."

„Und hast du ihr schon frohe Weihnachten gewünscht?"

„Nein dazu hatte ich leider noch keine Zeit. Ich war so mit der OP und der Reha beschäftigt und dann wurde ich auch noch entführt. Also Stress pur."

Jetzt lachte sie wieder. Das freute mich sehr.

„Und du? Leben deine Eltern noch?"

„Vater nicht mehr. Er war übergewichtig, rauchte und trank gerne Bier. Das passte nicht ganz, überhaupt wenn man auch keine Bewegung macht. Er starb vor drei Jahren an einem Herzinfarkt. Mutter hatte ihn gefunden.

Das brach ihr das Herz. Sie lebt in einem Heim und mein Bruder besucht sie öfter. Ich auch hin und wieder, sofern meine Zeit es erlaubt. Sie wohnt aber auch 100 km von hier entfernt. Also auch nichts mit einem Sprung vorbei machen. Außerdem erkennt sie niemanden mehr. Sie ist dement."

„Oh", mehr wusste ich auch nicht darauf zu sagen.

Angela schenkte noch Wein nach.

„Willst du sie nicht wenigstens anrufen?", fragte sie mich.

„Ich glaube, dass wäre gar keine schlechte Idee. Auf das habe ich leider auch vergessen."

Ich holte mein Handy. Als ich darauf sah, hatte ich schon drei Anrufe in Abwesenheit. Ich hatte es auf lautlos gestellt, als ich im Heim war und danach nicht wieder auf laut. Zwei Anrufe waren von meiner Mutter und einer von Rudi. Rudi ignorierte ich. Meine Mutter rief ich sofort an. Angela verzog sich diskret und ging in die Küche.

„Hallo Mutter, frohe Weihnachten. Auch wenn es etwas verspätet kommt."

Sie freute sich sofort und fragte wie es mir geht, und ob ich noch im Rollstuhl sitze. Von meinem Tumor wusste sie. Sie hätte sofort zu mir ziehen wollen, nur damit mich wer versorgt.

Das konnte ich und ihr Mann ihr ausreden. Von der OP wollte ich ihr noch nichts sagen. Sonst wäre sie im Stande und kommt sofort mit dem Zug. Wir sprachen dann noch über dies und jenes und dann legte sie beruhigt und froh auf.

„Warum hast du ihr nichts von der OP erzählt?", kam Angela fragend zu mir.

Obwohl sie in der Küche war, hatte sie natürlich das Gespräch mitgehört. Ich musste mit meiner Mutter immer laut sprechen und meine Wohnung war auch nicht so groß.

„Weil sie sonst im Stande wäre und käme mit dem Zug morgen an und versorgt mich bis ich wieder gehen kann. Aber das würde nichts bringen, wenn ich ab Sonntag wieder auf Reha bin, oder?"

Da musste sie mir recht geben. Wir tranken den Wein noch fertig und dann wurden wir beide schon müde. Wir gähnten schon um die Wette.

„Angela, würdest du mir einen Gefallen tun?", fragte ich sie.

„Was denn für einen?"

„Ich bitte dich, dass du in meinem Bett schläfst und nicht auf der Couch. Ich weiß wie unbequem sie ist, wenn man die ganze Nacht darauf schläft. Und ich will nicht, dass du am Sonntag mit Kreuzschmerzen nach Hause fährst."

„Und wo willst du schlafen? Ich hoffe nicht auf der Couch, das ist für dich noch schlimmer."

„Nein. Ich hoffe, du traust mir und wir schlafen beide im Bett. Würdest du das bitte machen?"

Ich sah sie fragend und ganz treuherzig an. Sie überlegte was sie machen sollte.

„Ich kann dir auch versprechen, dass ich ganz brav bin. Denn derzeit habe ich sowieso keine Lust, wenn du davor Angst hast. Und du könntest besser aufpassen, dass ich nicht runterfalle. Du kannst dir auch etwas zwischen uns legen, wenn du mir nicht ganz vertraust. Aber mir wäre wohler, dich in einem Bett zu wissen als auf dieser Couch. Ansonsten hätte ich keine ruhige Nacht."

Sie überlegte noch. Dann kam sie auf mich zu, nahm meine Hand und sah mich durchdringend an. Ich hielt ihrem Blick stand. Dann sagte sie: „Gut abgemacht. Und wenn du nicht brav bist, darf ich dich dann morgen schon in die Reha zurückschicken."

„Abgemacht", sagte ich.

Und wie auf Kommando kribbelte meine Hand. Sie entzog mir dann ihre und es hörte sofort wieder auf.

„Gut, dann geh du schon mal ins Bad. Ich suche mir meine Sachen inzwischen zusammen. Wenn du im Bett bist, gehe ich ins Bad."

Ich freute mich, dass sie im Bett schlafen würde und mir nicht böse war. Aber was hatte sie gemacht, als sie mir die Hand gab? Sofort bewegte ich mich in Richtung Bad und zog auch meine Pyjamahose an. Als ich im Bett war, rief ich nach ihr. Sie kam auch sofort und verschwand im Bad. Nach einer viertel Stunde kam sie zurück in ihrem Pyjama. Hüpfte rasch ins Bett und sagte: „Gute Nacht." Ich sagte auch „Gute Nacht" und drehte das Licht ab. Dann war es ruhig. Ich hörte nur ihre leisen Atemzüge. Schlief sie schon? Ich musste dann irgendwann bald eingeschlafen sein.

Als ich aufwachte, hatte ich so einen Druck auf meiner Brust. Ich machte die Augen auf, um nachzusehen, was das war. Nicht was, sondern wer. Es war Angela die mit dem Kopf an meiner Brust schlief. Wie kam das denn, fragte ich mich. Angela drehte sich gerade auf den Rücken. Dann öffnete sie ihre Augen. Jetzt erst wurde es ihr bewusst, wo sie schlief. Sofort setzte sie sich auf und entschuldigte sich. Ich schmunzelte nur.

„Fürs Protokoll: Ich habe nichts gemacht."

Angela war rot geworden und rutschte auf ihre Seite. Dann stieg sie aus dem Bett und huschte ins Bad. Ich kuschelte mich noch einmal kurz ins Bett, denn ich musste ja warten bis sie fertig war. Ich musste wohl noch einmal eingenickt sein, denn etwas schreckte mich auf. Angela kam gerade aus dem Bad.

„Jetzt ist es frei für dich", und verschwand in die Küche.

Langsam bewegte ich mich ins Bad. In der Früh waren meine Glieder noch steif, da ging alles noch etwas langsamer. Nach einer halben Stunde kam ich in die Küche. Es duftete schon nach Kaffee. Heute hatte sie Toast gemacht. Sie brachte alles an den Tisch. Verlegen setzte sie sich zu mir. Was hatte sie? Ich hatte ihr doch gar nichts getan.

„Angela. Habe ich etwas angestellt? Ich habe dich nicht zu mir gezogen, dass musst du mir glauben. Ich war selber überrascht als ich wach geworden bin."

„Nein, nein. Es liegt nicht an dir. Ich habe nur etwas geträumt und dann habe ich mich erschrocken als ich auf deiner Brust aufgewacht bin."

„War es so ein schlimmer Traum?", fragte ich sie.

Sie wurde sofort wieder rot. Hatte sie vielleicht …? Ich wollte den Gedanken gar nicht zu Ende denken.

„Nein, ich habe nur etwas Schönes geträumt und war dann überrascht als ich bei dir aufgewacht bin. Und dir Vorhaltungen machen, wenn du in meine Nähe kommst. Entschuldige noch einmal."

„Angela. Ja es ist entschuldigt. Ich frage auch gar nicht weiter nach. Also kannst du wieder mit mir normal umgehen."

Neugierig wäre ich schon gewesen auf das was sie geträumt hatte. Aber das wäre nicht gut weiter darauf zu drängen. Wir frühstückten still, damit sie sich wieder fassen konnte. Dann fragte ich sie, was sie heute Gutes kochen wird.

„Faschiertes hat Beatrice eingekauft. Was hast du lieber, Pasta Bolognese, Haschee Hörnchen oder faschierte Leibchen?"

„Alles gut. Pasta wäre mir eigentlich am liebsten."

„Gut, dann mache ich das. Und du rufst inzwischen den Chauffeur von Herrn Pöller an und mach dir einen Termin für Nachmittag aus."

Ich sah sie verwirrt an.

„Wir müssen doch Susi besuchen, denn sonst muss sie Frau Bruckner vielleicht noch hierherbringen. Aber die weiß leider nicht deine Adresse."

„Zu Befehl!", sagte ich und suchte die Karte, die ich bekommen hatte.

„Bis wann soll er da sein, bzw. bis wann willst du im Heim sein?", fragte ich sie.

„Sagen wir, zwei Uhr soll er da sein, dann sind wir gegen halb drei Uhr beim Heim. Dort wird er dann sowieso auf uns warten bis wir wieder nach Hause fahren."

So machte ich es dann. Der Chauffeur, der sich dann noch als Bertram Jäger vorstellte, versprach pünktlich zu sein. Das Mittagessen schmeckte wieder sehr gut. Danach tranken wir noch einen Kaffee und aßen noch ein paar Kekse dazu. Dann mussten wir uns schon fertig machen für die Fahrt ins Heim. Den Rollstuhl nahmen wir auch mit. Da ich heute zu keinem Spaziergang mehr kommen würde, gingen wir zu Fuß zum Auto. Der Rollstuhl blieb im Auto, falls wir ihn brauchten, konnten wir ihn holen. Wir stiegen vorm Heim aus und ich durfte mich bei Angela einhaken. Sie öffnete die Tür und hielt sie auf, damit wir ungehindert durchgehen konnten. Wir waren noch gar nicht richtig drinnen, als wir schon Susi rufen hörten.

„Nikolaus! Nikolaus! Schön, dass du da bist! Und du kannst schon alleine gehen!"

Sie lief auf uns zu. Angela musste sie etwas abbremsen, denn sie wollte mich im Lauf umarmen. Das wäre nicht gut gegangen, denn so stark war ich noch nicht.

„Bitte nicht so stürmisch. So stark bin ich noch nicht. Und bitte nenn mich nicht Nikolaus. Den Namen hasse ich. Nenn mich doch bitte Nik."

„Nein, du bist für mich der Nikolaus! Oder darf ich Nico sagen?"

„Nein! Nico ist ein Hundename! Das schon gar nicht. Weil sonst sage ich Susanne zu dir. Ich mochte noch nie den Namen Nikolaus und da sich kaum einer meinen richtigen Namen merken wollte, sagte ich immer das ich Nik heiße. Dann nenne mich lieber bei meinem richtigen Namen. Nikodemus."

Ich sah noch wie Angela große Augen bekam und mich anstarrte, aber Susi lenkte mich auch schon ab.

„Nein, Susanne mag ich so gar nicht. Der Nachbarsjunge nannte mich immer so. Das mochte ich nicht. Und er wurde auch immer Nik genannt, darum mag ich dich nicht Nik nennen. Du bist netter als er", sagte sie trotzig.

„Susanne Pöltzl aus der Weinhofstraße 17, in Götzenberg?"

„Ja da habe ich mal gewohnt. Bis ich hierher kam, weil ich besser versorgt werde und auch Arbeit habe. Der Nachbarjunge war nicht nett und hat mich immer geärgert. Der war blöd."

Jetzt musste ich mich setzen. Gut, dass auf dem Gang ein Sessel stand. Alle starrten mich an, weil ich ihre Adresse wusste. Nur Susi fiel es nicht auf.

„Susi ist das Nachbarmädchen von damals, das ich oft geärgert habe. Ich bin dieser Nik, der Nachbarjunge."

„Nein. Du bist nicht dieser Nik. Dieser Nik ist blöd und du bist so nett."

„Susanne! Ich bin auch älter geworden und du auch. Ich werde dir ein Foto von früher zeigen, dann wirst du mich erkennen."

Ich hatte zufällig noch meinen alten Führerschein und darin war noch das Foto als ich 18 war. Ich zeigte es ihr. Sie starrte es an und sagte: „Nein!", und gab es mir zurück.

„Das kannst du nicht sein", und sah wieder trotzig drein.

„Soll ich es dir beweisen?"

„Er hat etwas Bestimmtes immer gesagt, aber das kannst du nicht wissen."

„Es tut mir jetzt sehr leid, Schielende Susl."

Susi sah mich erstarrt an.

„Es tut mir sehr leid jetzt. Ich will mich tausendmal für damals entschuldigen. Aber da war ich noch ein grüner Junge und jetzt bin ich erwachsen und erfahren. Ich sehe das jetzt alles mit anderen Augen. Kannst du mir verzeihen?"

Sie sah mich an und ich dachte, sie wird jetzt traurig oder heulend davonlaufen. Im Gegenteil, sie umarmte mich und sagte: „Den Nik von jetzt mag ich viel lieber. Bleib bitte so Nikodemus."

Mir rannen die Tränen über die Wangen. Eine andere wäre mir jetzt immer noch böse, aber diese Menschen spürten wie du bist, und sahen nicht mehr der du mal warst.

„Ich hab dich lieb", flüsterte sie mir ins Ohr.

Das trieb mir erst recht die Tränen in die Augen und drückte sie fest.

„Warum weinst du? Bist du jetzt traurig?"
„Nein. Ich weine vor Freude."
„Vor Freude? Ich dachte da lacht man."

Jetzt lachten wir alle. Frau Bruckner war auch schon hier und hatte das alles mitbekommen. Bei dem Wort Nico, war sie etwas blass geworden. Aber jetzt gingen wir endlich in den Aufenthaltsraum und spielten Gesellschaftsspiele. Es wurde ein lustiger Nachmittag. Um halb fünf mussten wir dann doch fahren. Susi verabschiedete sich traurig.

„Keine Sorge ich komme wieder. Ich muss nur für ein paar Wochen noch in die Reha und dann komme ich wieder jeden Tag und hole mir meinen Kaffee und ein Crousons."

„Und eine Pizzaschnitte."
„Ja auch die."
Dann mussten wir fahren. Ich musste ihr Versprechen, dass ich sie wieder hier im Heim besuche. Zu Hause stiegen wir aus und ich fuhr schon mal mit meinem Rollstuhl ins Haus. Angela wollte sich noch persönlich bei Herrn Jäger bedanken. Sie kam dann kurze Zeit später nach. In meiner Wohnung angekommen, zogen wir unsere Mäntel aus und setzten uns auf die Couch.

„Sie sind ja nett, aber auch anstrengend."
„Ja, das sind sie. Ich liebe sie so wie sie sind."
„Und das mir Susi verziehen hat, das wundert mich immer noch."
„Sie sehen ins Herz wie man jetzt ist und nicht was man mal gemacht hat. Und das hat Susi gesehen."

Was sollte ich sagen? Dann fiel mir das Gesicht von Angela ein als sie meinen richtigen Namen gehört hat.

„Wieso hast du so erschrocken ausgesehen als du meinen richtigen Namen gehört hast?"

Auch jetzt starrte sie mich wieder an. Stand abrupt auf und fragte: „Willst du noch den Rest der Spagetti oder lieber Frankfurter? Ich muss es wissen damit ich weiß, wie viele Semmeln ich aufbacken soll."

„Wie viel ist noch von den Spagetti da?", spielte ich auch dieses Spiel mit.

Sie zeigte es mir.

„Da kannst du mir noch ein paar Frankfurter dazu machen und zwei Semmeln, bitte."

Sie war froh, dass sie von mir wegkam. Wieso fragte ich mich. Ich tat so als hätte ich das nicht bemerkt. Ich aß die Spagetti zusammen und sie machte inzwischen die Frankfurter warm. Dann brachte sie die Frankfurter und die aufgebackenen Semmeln. Dann Senf und Ketchup und etwas zum Trinken. Heute hatte ich kein nachmittags Schläfchen gemacht und ich merkte schon das ich etwas müde wurde. Aber ich wollte noch nicht schlafen gehen.

„Kann ich dich morgen für ein paar Stunden alleine lassen?", fragte Angela in meine Gedanken hinein.

„Wieso?", fragte ich verwirrt.

„Ich müsste in der Früh in die Bäckerei. Darum werde ich schon um 8 Uhr schlafen gehen und versuchen vormittags schon zurückzukommen."

„Ich glaube ich werde auch schon mit dir schlafen gehen, denn mir geht jetzt schon mein Nickerchen ab. Und mach dir keine Sorgen. Ich komme später nach. Mit dem Rollstuhl natürlich und hole mir ein Frühstück so wie früher. Abgemacht?", und hielt ihr meine Hand hin.

Sie schlug nach einigem Zögern ein. Dann stand sie auf, räumte ab und stellte das Geschirr in den Geschirrspüler. Räumte noch etwas auf und setzte sich noch einmal kurz zu mir auf die Couch.

„Heute gibt es keinen Wein. Ich glaube, wir sind so auch müde genug, oder?"

Sie stand auf und sagte: „Wenn ich darf, gehe ich heute als erster ins Bad. Ich würde mich gerne baden. Zu Hause habe ich nur eine Dusche. Und ich war schon lange nicht mehr in einer Badewanne."

„Kein Problem. Ich werde hier warten."

Sie ging ins Bad und ich drehte mir den Fernseher auf. Ich versuchte nicht einzuschlafen. Machte sogar auch einige Runden in der Wohnung. War ja heute nicht viel auf den Beinen. Nach einer mir endlosen Zeit, kam sie raus. Dann konnte ich rein. Im Bad roch es nach ihr. Ich atmete den Duft ein. Er war mir so vertraut. Bis ich aus dem Bad kam, schlief Angela schon. Jetzt hatte ich Zeit sie etwas zu betrachten. Aber nicht lange, denn mir fielen auch schon die Augen zu.

Am nächsten Morgen wurde ich wach und drehte mich auf die Seite. Dann fiel mir ein, das ja Angela auf der anderen Seite liegen sollte. Doch als ich aufsah, war das Bett leer. Dann sah ich auf meine Uhr. Es war schon 7 Uhr morgens. Hatte ich heute das erste Mal durchgeschlafen? Zumindest sah es so aus. Angela war schon lange weg. Ich stand gemütlich auf. Frühstücken brauchte ich nicht. Das konnte ich in der Bäckerei machen. In der Wohnung brauchte ich den Rollstuhl nicht. Aber für längere Strecken schon. Also brachte ich ihn runter und setzte mich erst unten hinein. Der Weg war doch noch zu weit. Ich fuhr nach längerer Zeit wieder in die Bäckerei. Heute hatten Edith und Karin Dienst im Laden. Sie begrüßten mich wie immer freundlich und machten mir sofort meinen Kaffee.

„Aber bitte keinen Crousons, sondern einen belegten Kornspitz, danke."

Karin brachte mir das gewünschte in meine Lieblingsecke. Dort aß ich ihn langsam und gemütlich. Um 8 Uhr läutete mein Telefon.

„Guten Morgen Langschläfer. Bis wann kommst du?"

„Wenn du dich beeilst, siehst du mich noch frühstücken."

Es dauerte keine Minute und sie war schon da.

„Ich habe euch ja gesagt, wenn Nik da ist sollt ihr anläuten."

„Haben wir doch gemacht."

Angela drückte auf die Glocke und sah nach dem Licht!

„Schei ...", und bremste sich gleich selber, „Die Glühbirne ist kaputt. Also müsst ihr mich anrufen, wenn etwas ist. Und Entschuldigung."

Dann setzte sie sich zu mir und Karin brachte ihr einen Kaffee.

„Ich hoffe, ich habe dich nicht um 3 Uhr morgens aufgeweckt."

„Nein. Ich habe bis 7 Uhr durchgeschlafen, und dass, das erste Mal seit langem."

„Also habe ich dich nicht geweckt? Mir ist aus Versehen der Sessel umgefallen. Hast du wirklich nichts gehört?"

„Nein. Ich habe mich nur erschreckt, dass mein Bett leer war in der Früh. Das wird mir in der Reha auch abgehen, dass niemand neben mir schläft", und grinste sie an.

Zuerst wurde sie etwas rot, dann lächelte sie auch.

„Danke. Ich hatte schon Angst das du wach geworden bist und nicht mehr weiterschlafen konntest."

Dann aß ich fertig und sie trank ihren Kaffee.

„Was hast du heute noch vor? Ich komme leider vor 12 Uhr hier nicht raus. Bin als Chefin leider unabkömmlich."

„Kann ich dir vielleicht helfen? Zu Hause kann ich sowieso nichts tun. Und außerdem hat wer mal gesagt, er würde mich sofort anstellen."

Angela lachte, denn das hatte sie zu mir gesagt.

„Gut dann werde ich sehen, wo ich dich einteilen kann."

Wir gingen in die Backstube und in ihr Büro. Dort lagen viele Papiere.

„Würdest du mir bitte helfen hier Ordnung zu schaffen? Ich komme leider nicht dazu. Ansonsten muss ich eine Nachtschicht einlegen."

„Nein dazu lassen wir es nicht kommen. Wo kommt alles hin?"

Sie zeigte mir die Ordner und wo es im Computer eingetragen werden soll. Während sie in der Backstube half, machte ich die Büroarbeit. Bis Mittag hatte ich die ganzen Papiere geordnet und ihr Schreibtisch sah wieder so ziemlich ordentlich aus. Edith brachte mir dazwischen einen Kaffee und eine Flasche Wasser. Als Angela kurz vor Mittag zu mir wieder reinkam, staunte sie das alles weg war.

„Was hast du mit all den Papieren gemacht?"

„Ich habe sie alle in den Ofen geschmissen. Hast du es nicht rauchen gesehen?"

Sie lachte wieder ihr schönes Lachen. Angela lachte wirklich viel zu wenig. Dann schob sie mich einfach hinaus, denn das Mittagessen war schon da. Sie behielt es bei, auch wenn keine Kekse mehr gebacken wurden. Und es gab schon wieder Spagetti, aber Carbonare. Während die Verkäuferinnen noch rasch den Laden aufräumten, tranken wir noch einen Kaffee. Da kam ein kleines Mädchen noch in den Laden. So etwa um die fünf Jahre.

„Guten Tag. Hätten Sie vielleicht noch ein Stückchen Brot für zwei Euro? Mehr habe ich leider nicht. Mama ist krank und ich hole rasch etwas für sie zum Essen. Ein bisschen Wurst habe ich schon", und zeigte uns ihre Errungenschaft.

„Wo ist dein Papa?", fragte Angela.

„Wir haben keinen Papa. Der ist ein Zauberer."

Das verstanden wir nicht.

„Wenn er ein Zauberer ist, dann müsste er ja etwas herzaubern können, oder nicht", fragte Angela sie weiter.

„Nein. Mama sagt, er ist einfach verschwunden, so wie ein Zauberer das Kaninchen verschwinden lässt."

Wir mussten uns das Lachen verkneifen.

„Und Mama hat derzeit keine Arbeit, weil ihr Chef so ein Idiot ist."

Was sollte das jetzt wieder bedeuten. Wir sahen sie fragend an.

„Wieso ist er ein Idiot?"

„Weil er sich die Tussi mit den Riesen Büsten behält und die guten wegschickt."

Da konnten wir uns darunter etwas vorstellen.

„Und jetzt haben wir zu wenig Geld, damit wir uns genug kaufen können."

„Was ist deine Mama von Beruf?", fragte sie die Kleine.

„Sie hält die Bücher und macht viel mit Zahlen."

Wir sahen uns fragend an. Sie hält Bücher?

„Buchhalter!", riefen wir beide.

Auch die zwei Verkäuferinnen hatten dem Gespräch zugehört. Sie waren genauso betroffen wie wir beide. Das übriggebliebene Gebäck war schon hinten verstaut worden.

„Warte einen Moment Kleine. Ich komme gleich."

Angela ging zurück und holte eine große Tasche voller Sachen. Die stellte sie auf den Ladentisch schrieb noch etwas auf einen Zettel. Den gab sie auch hinein. Dann ging sie zu der Kleinen und gab ihr die Tasche.

„Hier ist eine Kleinigkeit von uns und ein Zettel für deine Mama. Sie soll mich am Montag anrufen."

Das Mädchen strahlte über das ganze Gesicht und wollte Angela die zwei Euro geben.

„Nein die behalte für schlechtere Zeiten."

Das war gutgesagt. Aber was verstand das Mädchen schon.

„Danke!", sagte sie freudestrahlend," „Mama sagt dann immer, Gott soll es dir vergüten."

Das war zu viel für uns alle. Ein jeder wischte sich die Tränen weg. Sie wollte gerade aus der Tür gehen, als Angela sie noch fragte: „Wie heißt du eigentlich?"

„Luisa."

Wir starrten sie an. So hieß doch ihre Tochter. Angela war auch kreidebleich geworden. Karin, die auch schon gehen wollte, sagte zu dem Mädchen: „Komm ich gehe ein Stück mit dir, damit du die schwere Tasche nicht alleine schleppen musst. Sie verabschiedeten sich von uns und gingen. Edith ging dann auch und sagte noch: „Wir zahlen etwas dazu, was du dem Mädchen gegeben hast."

Ich nickte auch, denn sprechen konnte ich derzeit nicht.

„Nein, das braucht keiner. So hat es einen guten Zweck."

Edith ging dann auch. Angela schloss dann ab und wir fuhren still zu mir.

„Das wäre mehr eine Weihnachtsgeschichte als für danach."

„Man sollte das ganze Jahr die Augen offen haben und nicht nur zu Weihnachten."

„Da muss ich dir recht geben. Wir verschließen sie viel zu oft."

Zu Hause angekommen, ging ich auf die Toilette und dann legte ich mich kurz auf das Bett. Doch aus kurz wurde eine Stunde. Als ich wieder aufstand, war Angela in der Küche und machte Kaffee.

„Guten Morgen, Langschläfer. Wollte dich schon aufwecken. Hast du den Kaffee schon gerochen?", und grinste mich an.

„Guten Morgen. Hast du darauf gewartet, dass ich wach werde?"

„Ja sicher! Ich hätte dich jetzt gnadenlos aufgeweckt, damit ich nicht so alleine hier herumsitze."

Ich sah sie prüfend an. Dann fing sie an zu lachen.

„Keine Sorge! Mich hat es auf der Couch umgeschmissen und bin auch erst vor fünf Minuten wach geworden."

Das beruhigte mich etwas. Ich half ihr rasch beim Aufdecken mit dem Kaffeegeschirr. Sie brachte noch Kekse und ein Nougatcrousons für mich.

„Von wo hast du den jetzt her? Und sage nicht das ist übriggeblieben."

„Nein, den habe ich schon in der Früh für dich weggelegt, als du keines gegessen hast. Für später."

Ich aß es genüsslich und noch ein paar Kekse. Dann sah ich sie an und sagte: „Das war sehr nett von dir. War eigentlich nicht anders zu erwarten von dir. Wenn du nichts gesagt hättest, hätte ich dich gebeten dem Mädchen etwas zu geben und ich hätte es bezahlt. War aber zu langsam dafür. Und dass sie noch Luisa hieß war das „i-Tüpfelchen". Mir verschlug es die Sprache."

„Mir auch. Aber das war für mich nur wieder ein Zeichen, das ich nicht alles in mir vergraben sollte."

Ich sah sie nur an und wartete ab. Sie musste kommen und es erzählen. Wenn ich sie drängen würde, wäre das nicht gut. Das musste alleine von ihr kommen.

„Sie war mein Engel. Mein Ein und Alles. Auch wenn mich mein Freund verlassen hatte. Ich tat alles für sie und sie für mich. Sie ist immer noch um mich als schützender Engel. Sie weist mir den Weg. Wenn ich etwas brauche oder machen sollte, kommt immer ein kleiner Hinweis oder ein Stoß in die richtige Richtung. So wie heute. Heute kamen sogar zwei."

Ich wartete ab bis sie weiter sprach. Sie sah in die Ferne und überlegte.

„Seit einiger Zeit überlege ich schon, ob ich mir nicht jemand für die Buchhaltung suchen sollte. Als du heute alles erledigt hattest, wurde es mir klar, dass ich jemanden brauche. Aber ich kann dich nicht einstellen, du bist für etwas anders bestimmt. Also muss ich mir jemanden suchen. Und als das Mädchen von ihrer Mutter erzählte, dass sie „Bücher hält", wusste ich, was ich zu tun hatte. Das war schon ein Wink mit dem Zaunpfahl! Und als sie mir ihren Namen nannte, stockte mir das Herz. Das hieß, ich solle mehr von meiner Kleinen erzählen und es nicht so verschließen. Morgen ist auch noch der Tag der „unschuldigen Kinder". Es sind viele da die mir helfen. Und viele denen ich helfen kann. Aber ich muss reden und nicht alles in mir verschließen. Und bei dir kann ich den Anfang machen. Es endlich loslassen."

Da machte sie wieder eine Pause. Und ich überlegte was sie mit „ich bin für etwas anderes Bestimmt", meinte. Ich ließ sie selber entscheiden, wann und was sie mir erzählen wollte. Also wollte ich da auch nicht nachfragen. Es war eine Ehre für mich, dass sie mir das überhaupt anvertraute. Inzwischen holte sie noch einen Kaffee für uns beide. Sie hielt ihre Tasse in beiden Händen, sah über den Rand und blies ihren heißen Kaffee. Es schien als wäre sie gar nicht hier.

„Bei der Geburt sah es zunächst noch so aus, als wäre alles gut. Dann stellten sie die Behinderung fest. Es schockte mich gar nicht so. Die Ärzte waren mehr niedergeschlagen. Irgendwie hatte ich es schon die ganze Schwangerschaft gespürt, dass da etwas anders ist. Ich träumte auch so komische Sachen. Und auf einmal spürte ich Sachen, von denen die anderen Menschen nicht einmal etwas wussten. Wenn ich sie spürte, egal ob ich ihnen die Hand gab oder auch nur mit ihnen zusammenstieß. Spürte ich oft ihre Krankheiten. Bei manchen konnte ich einen Energiestoß schicken, damit sie wieder gesund wurden. Andere schickten ihn mir zurück und dann gab es wieder solche die nahmen, was sie kriegen konnten. Vor denen musste ich mich zusammennehmen. Ich wusste weder woher das kam, noch wie ich mich verhalten sollte oder was ich dagegen tun konnte. Ich konnte auch keinen fragen. So schlängelte ich mich durch das Leben. Nur bei den Behinderten war ich auch normal. Die nahmen mir nichts. Im Gegenteil die gaben mir noch etwas. Die Ruhe, Zufriedenheit und Geborgenheit. Und dann starb mein kleiner Engel. Sie erschien mir in dieser Nacht, ganz gesund. Lachte und tanzte und sagte zu mir: „Ich habe dir meine Gabe gegeben. Mach das Beste daraus. Mache die Menschen glücklich. Überhaupt den einen der in dein Leben rollt. Und gib den anderen die Kraft weiter, aber nur wenn du es willst und nicht so wie die anderen wollen." Ich verstand es lange nicht. Bis ich dich traf, dann kam alles so wie sie gesagt hatte. Auf einmal hatte ich den Dreh alleine heraußen, nachdem ich so lange gesucht hatte. Weil ich nicht mehr gesucht habe. Als ich kein Geschäft gesucht hatte, kam es. Als ich die Lösung für meine Gabe suchte, kam sie. Als ich eine Hilfe brauchte, kam sie. Als ich mir eine Buchhalterin suchen wollte, kam dieses Mädchen und half mir, ohne dass sie es wusste. Ich verlasse mich immer auf meinen Engel, wenn ich etwas benötige, bitte ich sie darum. Und heut kam die Lösung ganz rasch. Ich bat um eine Hilfe für die Buchhaltung, als ich dich rausschob. Denn dich konnte ich nicht noch einmal belästigen und schon stand sie vor mir. Ich bin so überaus dankbar, dass mir mein Engel immer wieder hilft. Das ich gerne anderen helfe und es kommt tausendfach zurück. Verstehst du jetzt alles? Warum ich ungern jemanden die Hand gebe, überhaupt mit jemanden Kontakt habe. Darum war ich dann auch so verwundert, dass ich an deiner Brust lag und nichts war. Ich mich auf einmal ganz normal bei dir eingehakt habe. Und dann kam noch Susi. Das war auch für mich eine Überraschung das du ihr ehemaliger Nachbar warst und so gar nicht nett zu ihr damals warst. Und sie dich trotzdem liebt. Ja so sind sie, die Menschen mit besonderen Bedürfnissen. Sie nehmen dich und lassen dich nicht mehr los. Wie du schon gesagt hast, sie adoptieren dich und nicht du sie. Beatrice war sogar sehr stolz als sie adoptiert wurde."

    Wir lächelten uns an. Sie sah irgendwie glücklich aus.

    „Komm her zu mir."

    Ich brachte diese Worte kaum heraus. So gerührt war ich. Sie setzte sich zu mir auf die

Couch. Ich nahm sie ganz einfach in meine Arme und hielt sie.

„Du bist wunderbar. Du bist auch ein Engel. Ich hätte gerne Luisa kennen gelernt."

„Warte", sagte sie und löste sich von mir.

Dann holte sie ihr Handy und zeigte mir einige Videos, die sie gemacht hatte. Luisa sah glücklich aus, trotz ihrer Behinderung. Und manchmal glaubte ich, sie blinzelte mir zu.

„Und wie geht es dir jetzt?", fragte ich sie danach.

„Glücklich", strahlte sie bis über beide Ohren.

Ich lehnte mich zurück und nahm sie in meinen Arm, damit sie sich an meine Schulter lehnen konnte.

„Lass dich halten, lehn dich an meine Schulter und vergiss das Schlechte. Ich will dich auch gar nicht fragen, was das Leben für mich bestimmt hat. Ich werde es sehen, wenn es so weit ist."

Sie blieb ganz ruhig liegen. So blieben wir einige Zeit sitzen. Dann läutete es an der Tür. Wer konnte das sein? Wir sahen uns verwundert an. Angela stand auf und öffnete. Es waren Beatrice und Willi.

„Hallo ihr beiden! Wir müssen leider unsere Turteltauben kurz stören."

Angela und ich lachten nur über diesen Scherz. Sie mussten unbedingt noch vom Heim und den Geschenken erzählen. Willi hatte Norbert eine Videokamera geschenkt. Die musste er ihm dann noch am Christtag zeigen und erklären wie sie funktionierte. Norbert hatte ja auf ihn gewartet mit dem Öffnen. Willi hatte es gewundert, dass er es so schnell kapierte. Danach lief Norbert durch das ganze Haus und filmte alle und alles. Beatrice hatte Ines ja einen Laptop geschenkt zum Lernen. Sie erzählte wie sie mit ihr geübt hatte. Und dass sie nicht so dumm war, wie es den Anschein hatte. Sie war, wie es aussah, ein Sprachtalent. Sie lernte Sprachen im nu. Und dann erzählten sie, dass es nächste Woche noch eine Überraschung geben würde. Da wir nicht dabei sein würden, durften sie es uns erzählen.

„Frau Bruckner hat einen Therapie Hund angeschafft. Der ist für alle da und er heißt Nico!"

Wir beide fingen an zu husten, denn jeder hatte sich auf irgendeine Art verschluckt.

„Jetzt weiß ich auch wieso Frau Bruckner so erschrocken dreingesehen hat, als Susi den Namen Nico erwähnte."

Jetzt kannten sich die anderen nicht aus und wir mussten ihnen von dem Nachmittag gestern erzählen. Und herauskam, dass Susi meine ehemalige Nachbarin war, die ich immer geärgert hatte. Jetzt waren die beiden perplex. Das mit dem Mädchen heute erzählten wir nicht, besser noch nicht.

„Ach bevor ich es vergesse", meinte Beatrice und zog eine Zeitung hervor.

„Ihr habt euch sicher keine gekauft", und gab uns die Christtags Ausgabe.

Schon auf der Titelbild Seite stand Herr Pöller und daneben ein Weihnachtsmann. Nein nicht ein Weihnachtsmann, er als Weihnachtsmann. Als Titel stand groß darüber:

Wer ist der bessere Weihnachtsmann?

Erst in der Ausgabe drinnen war ein großer Bildbericht und der Text.

Teil 5 und es wird nicht der letzte bleiben.

Der Weihnachtsmann oder hier in unseren Breiten, bringt das Christkind die Weihnachtsgeschenke. Und diesmal durfte sich ein Heim über besondere Weihnachtsgeschenke freuen. Wie Sie sicherlich schon vermuten, spendete Herr Pöller Kinderspielzeug an das

Heim Haus St. Peter. Und wer durfte da nicht fehlen? Der Weihnachtsmann! Er brachte höchst persönlich die Geschenke den Heimbewohnern. Für jeden das richtige Geschenk. Natürlich hat die Heimleiterin dem Weihnachtsmann eine Liste gegeben, wer etwas brauchte oder wollte. Die Übergabe verlief ganz still, ruhig und ehrfurchtsvoll. Keiner rief laut das der Weihnachtsmann hier wäre. Sie starrten ihn alle überrascht an. Gingen brav zu ihm als er jeden einzelnen aufrief. Manche trauten ihn sich zu umarmen. Alle warteten brav bis er fertig war. Erst als er ging, gab es ein großes Rascheln und sie öffneten gleichzeitig die Geschenke. Das war eine Freude und nicht nur bei den Heiminsassen. Herr Renner, der die Kampagne für die Werbung für Herrn Pöller gemacht hatte, war auch anwesend. Frau Koller, die einige Insassen in ihrer Bäckerei angestellt hat. Und in der Herr Renner die Idee zu dieser Kampagne eingefallen war. Natürlich Frau Bruckner die Heimleiterin und ihre Helferin Frau Ilse Frühstück. Und meine Wenigkeit die dieser Zeremonie, die übrigens das erste Mal so stattfand, beiwohnen durfte. Es war überwältigend das mitanzusehen. Wir vier bekamen vom Weihnachtsmann jeder ein rotes Kuvert mit einem Gutschein darin. Aber nicht für Spielzeuge.

Auf den Fotos kann man das gar nicht darstellen, was sich da getan hatte. Das Empfinden kann man nicht beschreiben. Da muss man schon mit dabei gewesen sein. Das andächtige Staunen und der Glanz in deren Augen. Mir kommen immer noch die Tränen, wenn ich daran zurückdenke. Und ein Schauer läuft mir den Rücken hinunter. Als der Weihnachtsmann weg war, kam Herr Pöller und bedauerte, dass er den Weihnachtsmann nicht mehr angetroffen hatte. (großes Augenzwinkern) Es wurde noch ein lustiger Nachmittag, mit viel Spielen und die große Freude an den Geschenken. Danke Herr ... Weihnachtsmann!

Ihre ehrfürchtige Beatrice Wolf

Das trieb auch uns die Tränen in die Augen. Wir sprachen dann noch darüber. Um 18 Uhr verschwanden sie endlich und wir konnten zu Abend essen. Wir teilten uns die übriggebliebenen Spagetti die Angela mitgenommen hatte und aßen dann noch jeder ein belegtes Gebäck, das vom Laden war. Danach setzten wir uns wieder auf die Couch mit einem Wein.

„Was soll ich morgen kochen?", fragte mich Angela.

„Was haben wir noch?"

„Es gibt noch Frankfurter und Kotelett."

„Ich mag keines von beiden. Können wir das Einfrieren? Oder du nimmst dir alles mit. Ich bin dann ja wieder weg für ein paar Wochen."

„Ich glaube, das werde ich mir mitnehmen müssen. Du hast kaum mehr einen Platz zum Einfrieren. Aber was willst du dann morgen essen?"

„Chinesisch. Wir gehen zum Chinesen. Habe ich schon länger nicht mehr gegessen und werde es so schnell nicht bekommen. Und du brauchst morgen nichts mehr zu kochen. Denn was machen wir mit dem was übrigbleibt? Ich lade dich ein. Und keine Wiederrede."

„Aber wir müssen um 16 Uhr zu Hause sein und packen. Leider geht es dann wieder zurück auf die Reha."

„Ja leider. Und heute schläfst du auch ein letztes Mal bei mir. Ich hoffe, es wird nicht das allerletzte Mal sein."

Es sah so aus als wäre sie auch etwas traurig. Sie lächelte und zuckte nur mit den Schultern. Das konnte viel heißen. Wir tranken langsam unseren Wein. Dann fiel mir etwas ein.

„Ach Gott! Ich habe auf etwas ganz vergessen."

„Und was?", fragte sie mich.

„Ich habe meine Wäsche nicht gewaschen. Auf die habe ich ganz vergessen, vor Freude und Überraschung, weil ich ja überrascht und entführt wurde."

Angela grinste schelmisch.

„Das habe ich nebenbei erledigt. Während du geschlafen hast, konnte ich mich durch deine Wäsche wühlen."

Ich schüttelte nur den Kopf.

„Danke. Und ich kann mich nicht einmal revanchieren. Nur „Danke" sagen."

„Das kommt schon noch", meinte sie verschwörerisch.

Ich wollte schon zu einer Frage ansetzen, doch ich unterlies es. Es würde schon alles kommen, wie es kommen sollte. Und meine Bestimmung, was auch immer das war. Ich prostete ihr zu und sah ihr tief in die Augen. Es war ein Glitzern darin. Um uns beide abzulenken sollte sie mir von Luisa erzählen. Sie erzählte von einigen lustigen Geschichten und auch welche die zum Nachdenken anregten.

Als der Wein alle war, gingen wir schlafen. Sie ging wieder zuerst ins Bad, danach ich. Im Bett suchte ich ihre Hand. Sie zuckte zwar kurz, ließ aber ihre Hand in der meinen. Ich schlief glücklich ein. Auch wachte ich überglücklich auf. Als ich die Augen aufschlug war Angela weg. Ich sah auf die Uhr. Es war schon 8 Uhr. Also machte ich mich auf den Weg ins Bad und auf die Toilette, danach in die Küche. Sie machte schon Frühstück.

„Guten Morgen meine Liebe."

Sie zuckte kurz zusammen. Hatte ich sie erschreckt?

„Entschuldige, wenn ich dich erschreckt habe."

„Guten Morgen. Warum schleichst du dich auch immer so an?", sagte sie etwas ärgerlich.

„Tut mir leid. Ich versuche es nicht mehr wieder zu machen", und wusste in dem Moment auch gleich, dass es wahrscheinlich nicht mehr zu so einer Situation kommen würde. Außer … Und daran wollte ich jetzt noch nicht denken. Zuerst musste ich wieder auf die Beine kommen, und das nicht nur sprichwörtlich. Danach kann ich über dieses Thema nachdenken.

„Willst du lieber Spiegeleier, Eierspeis oder gekochte Eier?"

„Alles bitte."

Sie sah mich irritiert an.

„Ja ich mag alles, also ist es egal was du machst. Ob weiche Eier, Eierspeis oder Spiegeleier oder Ham und Eggs."

„Ham und Eggs ist gestrichen. Wir haben keinen Speck."

„Okay dann haben wir ja noch drei zur Auswahl."

Sie sah mich an und wir mussten sofort lachen. Nach einem Blick in den Kühlschrank sagte sie: „Gut dann mache ich ein Omelett mit Paprika und Zwiebel, damit wir da auch etwas wegbekommen. Beatrice hat eindeutig zu viel eingekauft für die paar Tage. Ich schreibe ihr das nächste Mal eine Liste."

Dann sah sie mich an und beide dürften wir das gleiche gedacht haben.

„Wird es ein nächstes Mal geben?"

Ich wollte noch nicht so weit denken, aber die Gedanken machten sich selbstständig. Angela richtete alles für ein Omelett her. Kaffee war schon fertig, den stellte sie mir an die Theke, die die Küche vom Wohnzimmer trennte. Es gab dazu noch zwei Hocker. Auf den einen setzte ich mich. Heute konnte ich ihr beim Frühstück machen zusehen. Ich merkte sofort, dass sie etwas nervös war.

„Könntest du dich bitte auf die Couch setzen?"

„Wieso", fragte ich sie.

„Weil du mich nervös machst!"

„Ich tu doch gar nichts."

„Doch, du siehst mir auf die Finger und das kann ich nicht leiden. Also setz dich bitte auf die Couch."

Da ich nicht wollte, dass sie sich einschnitt oder etwas verbrannte, setzte ich mich auf die Couch. Ich konnte sie von dort aus auch beobachten, doch leider nicht so gut. Nach einer viertel Stunde kam sie zwei Tellern und zwei Omelett zum Couchtisch. Dann holte sie noch Brot und Kaffee. Das Frühstück schmeckte sehr gut. Danach räumte sie alles weg und schaltete den Geschirrspüler ein. Dann hatte sie Zeit sich etwas zu mir zu setzen. Ich sah mir die Zeitung, die uns Beatrice hiergelassen hatte, durch. Was ich sonst nie machte, war den Annoncenteil zu lesen. Ich sollte mich doch schon etwas umsehen. Auch Angela sah sie mit mir durch. Da sie ja auf der Suche nach einer Hilfe im Büro war, konnte sie auch etwas stöbern.

„Sollten wir nicht den Chauffeur anrufen, damit er uns abholt und zum Chinesen bringt?", fragte Angela in meine Gedanken hinein.

„Nein. Er hätte eine längere Anfahrtszeit als wir zum Chinesen brauchen. Wir werden zu Fuß hingehen. Wir haben die letzten Tage alles etwas schleifen lassen. Darum wird es mir nicht schaden, wenn ich zu Fuß gehe."

„Ist hoffe, das ist nicht zu weit weg. Sollten wir den Rollstuhl mitnehmen?"

„Nein, brauchen wir nicht. Es ist nicht einmal so weit weg, wie die Bäckerei. Wir sind schneller dort als ich zur Bäckerei brauche. Es reicht, wenn wir um halb 12 Uhr weggehen."

Sie sah mich immer noch skeptisch an. Dann fragte sie etwas anderes.

„Kommst du die vier Wochen überhaupt mit deiner Wäsche aus? Oder muss Beatrice sie tauschen oder waschen?"

Das war eine berechtigte Frage.

„Ich glaube nicht. An das hatte ich gar nicht gedacht. Aber Beatrice und waschen? Das wird nichts. Sie verwäscht ständig ihre Wäsche. Entweder zu heiß oder sie mischt weiß und bunt. Wie ich das mache, weiß ich jetzt noch nicht. Willi kann ich auch nicht fragen, der ist froh, wenn er ihre Wäsche richtig macht."

„Soll ich sie dir machen? Du kannst mich ja anrufen, wenn Beatrice die Wäsche mitnimmt und ich wasche und richte dir die nächste."

„Nein Angela, das kann ich nicht annehmen. Du hast jetzt schon so viel für mich getan. Das kann ich dir nicht alles vergüten und bezahlen wirst du dich auch nicht lassen."

„Denke ja nicht daran. Aber du wirst schon etwas finden, das es sich ausgleicht."

„Was weißt du darüber, von der Zukunft."

„Nur das was mir Luisa einflüstert. Mehr nicht und auch oft erst drei Sekunden vorher."

„Du siehst sie und hörst sie?"

„Nein, ich höre sie nur und meistens ist es ein flüstern an meinem Ohr. Manchmal auch nur ein Schatten."

„Weist du deswegen etwas über deine oder meine Zukunft?"

„Ja, aber ich kann dir beim besten Willen nichts vorhersagen."

Jetzt verstand ich so einiges. Sie bekam auch nur ein paar Steinchen zugesteckt.

Ich holte meinen ganzen Mut zusammen und fragte: „Wieso bist du immer bei meinem Namen zusammengezuckt, bei Nikodemus."

Sie sah mich starr an, dann sagte sie leise: „Sie hat mir den Namen ständig zugeflüstert. Nik-o-demus", und senkte verlegen den Kopf.

Ich hob mit meiner Hand ihr Kinn hoch.

„Wenn du sie das nächste Mal hörst, dann bedanke dich für mich bei ihr."

Angela fing an hellauf zu lachen. Ich starrte sie nur an.

„Was war da jetzt so komisch daran?"

Langsam beruhigte sie sich und sagte: „Entschuldige, aber Luisa hat mich gekitzelt, dass ich so lachen musste und es war auch das erste Mal, dass sie das schaffte. Ansonsten klappte das nie."

Jetzt war ich derjenige der sie verwundert ansah.

„Dich hat sie auch schon oft probiert zu kitzeln, aber sie sagt, das geht ja noch schlechter als bei mir."

Jetzt war ich ganz fassungslos. Sie hatte es schon öfter probiert? Aber so lange kannte ich doch Angela noch nicht. In dem Moment biss mich gerade etwas an meinem Zeh. Ich hob den Fuß und musste ihn kratzen. Angela fing wieder an zu lachen.

„Was lachst du so? Hat sie dich schon wieder gekitzelt oder mache ich eine so komische Figur. Aber ich kann nichts dagegen machen. Mein Zeh beißt mich schon wieder."

Jetzt lachte sie erst recht und ich starrte sie nur verwundert an. Als sie sich etwas beruhigt hatte, meinte sie: „Tut mir leid, aber Luisa meinte sie müsse bei dir schwerere Geschütze

auffahren. Sie zwickte dir schon öfter deine
Zehe, aber selten reagierst du darauf."

Wir sahen beide meinen angewinkelten Fuß
an und dass ich darauf rieb.

„Nein!?"

„Doch!", sagte Angela.

„Sie zwickt meinen Zeh?"

„Nein, ehrlich gesagt, sie beißt ihn."

Zuerst war ich froh, dass es nicht stimmte,
aber dann fiel ich fast um. Ich starrte auf meinen
Zeh, der momentan aufgehört hatte zu stechen.
Ich zog sofort meine Hausschuhe an.

„Das nützt dir gar nichts. Sie kommt da
auch durch", und wie zum Beweis fing mein Zeh
wieder an zu stechen, aber so derartig das ich
schon zuckte. Angela verkniff sich das Lachen.
Ich musste meinen Zeh wieder kratzen.
„Danke", sagte ich in den Raum.

Ich wusste ja nicht wo sie war. Angela
spitzte jetzt sozusagen ihre Ohren.

„Sie meint, du bist noch zu retten. Im
Gegensatz zu deinem Freund."

„Rudi?", fragte ich spontan.

„Ja", sagte sie nur.

Ich wartete noch auf etwas, aber es kam
nichts.

„Du brauchst nicht auf mehr zu warten, es wird nicht mehr kommen", machte mir Angela klar.

Dass es so etwas gab, konnte ich mir nicht vorstellen. Für so etwas war ich noch nie zu haben. Und jetzt saß ich da, mitten drinnen und sprach mit einem Geist. Ich konnte nur über mich selber den Kopf schütteln.

„Glaubst du nicht daran?"

„Eigentlich nicht, aber bei dir ist es so selbstverständlich. Ich werde nie an so etwas glauben, denn so etwas ist oft anders zu erklären. Aber wie sollte mein Zeh gerade beißen und meine Ohren dabei klingeln. So etwas konnte es nicht geben, außer man sieht es oder glaubt daran. Ich weiß noch nicht was ich tun soll. Es gibt vieles was zu erklären ist, aber auch vieles das wirklich unnatürlich ist. Ich glaube, ich brauche dazu noch eine Zeit."

„Ist gut. Wir geben sie dir", sagte Angela, „Aber bis dorthin wird sie nicht aufhören es dir zu beweisen."

Ich verzog den Mund.

„Ich hoffe, sie kaut nicht immer an meinem Zeh."

Angela grinste und ich wischte mir über meine Haare. Wusste aber nicht wieso. Es war mir, als würde ein Haarbüschel hochstehen.

Dabei hatte ich kurze Haare oder waren sie schon wieder zum Schneiden? Ich fuhr noch einmal durch, um sie zu kontrollieren. Nein, sie waren noch nicht zu lange. Angela grinste und konnte sich das Lachen bald nicht mehr verkneifen.

„Was macht sie?", fragte ich sie.

„Sie zieht an deinen kurzen Haaren und tut so als würde sie diese schneiden."

Und das spürte ich? War ich doch offen für so einen Humbug?

„Auh", sagte ich und sah Angela an.

„Was hast du dir gerade gedacht?", fragte sie mich.

„Das das doch Humbug ist."

„Auh!"

Ich hatte noch nicht richtig ausgedacht als mich auf dem Kopf etwas zwickte. Aber ... ich dachte am besten nicht weiter.

„Ich glaube, wir sollten schon losgehen. Hier hat man doch keine Ruhe", und sah nach links oben.

Angela schüttelte den Kopf.

„So geht das nicht."

„Was geht so nicht?"

„So wirst du sie nicht los. Solange dein Kopf nicht bereit dafür ist. Das Gute daran ist, dass sie nicht ständig hier ist. Weil sonst wäre ich schon verrückt geworden. Sie ist lieb und hilft mir, aber manchmal kann sie so lästig sein."

Als sie das gesagt hatte, war es als würde mir etwas fehlen. Ich sah mich automatisch um.

„Ja sie ist weg. Hast du es gespürt?"

„Ja. Aber ich kann es trotzdem nicht glauben."

Angela erzählte mir dann noch einige Geschichten, wo sie ihr geholfen hatte. Danach war es schon Zeit, dass wir uns auf den Weg machten. Wir gingen gemütlich zum Chinesen. Automatisch hängte ich mich bei Angela ein. Sie machte keine Anstalten mehr, sich loszureißen. Also wurde das auch immer besser. Es dauerte wirklich nicht lange und wir waren dort. Er hatte sofort einen Tisch für mich. So oft es ging, kam ich vorbei oder bestellte mir etwas. Ich war schon Stammkunde hier. Da es ein Buffet gab, aßen wir von dort. Danach gab es noch einen Kalender und einen Glückskeks. Wir machten ihn sofort auf.

Glaube auch an das was man nicht sieht, stand auf meinem.

Glaube an das Glück, dann wirst du es halten können, stand auf ihrem.

War das Zufall? Oder Schicksal. Ja an das Schicksal glaubte ich und das uns wer führt. Aber muss es Gott sein? Zumindest wir sagen

Gott, andere Mohamed oder Buddha oder Manitou oder so weiter. Egal was und wie wir es sagten, es blieb trotzdem das gleiche. Eine höhere Macht führt uns. Mit dem gingen wir langsam nach Hause. Angela half mir beim Packen, machte noch das Bett und legte schon für das nächste Mal einiges parat. Falls ich mehr oder etwas anderes brauchte sollte ich sie anrufen. Ich sah sie an.

„Dann bräuchte ich auch eine Nummer."

„Oh! So nachlässig bin ich? Hast du noch gar nicht meine Nummer?"

„Nein. Habe ich noch nicht, aber jetzt wird es Zeit."

Am Samstagmorgen hatte sie mich von ihrem Büro aus angerufen.

Sie speicherte sie mir sofort ein und ich rief sie an, um zu sehen ob die Nummer auch stimmte. Dann wurde es auch schon Zeit zu gehen. Der Chauffeur wartete schon unten auf uns. Wir stiegen ein und fuhren los. Bei der Reha stiegen wir aus und sie begleitete mich noch hinein. Ich merkte schon wie meine Beine schwach wurden. Heute war ich schon viel auf den Beinen, aber die zwei Minuten mussten sie noch aushalten.

„Oh weh! Jetzt habe ich das Essen vergessen zum Einpacken."

„Mach dir jetzt darüber keine Sorgen. Nahm ihr Gesicht in meine Hände und küsste sie. Das wollte ich schon so lange tun. Sie wehrte sich auch gar nicht. Dann wollte ich noch etwas sagen, doch sie verschloss mit einem Finger meinen Mund.

„Nicht jetzt, erst später."

Dann holte ich meinen Schlüssel raus und drückte ihn in ihre Hand. Ich hatte den Schlüssel zur Wohnung schon runtergenommen.

„Würdest du bitte nach dem Rechten sehen? Dann kannst du auch das Essen ohne Probleme holen und musst nicht Beatrice immer nach dem Schlüssel fragen wegen der Wäsche. Ich lege ihn vertrauensvoll in deine zarten Hände."

Angela sah kurz über meine rechte Schulter und lächelte. Ich sah sie nur an und sie wusste, was ich wollte.

„Sie tanzt gerade vor Freude."

Ich lächelte auch und gab ihr noch rasch einen Kuss. Dann musste ich und sie auch schon gehen. Ich setzte mich in meinen Rollstuhl, gab die Tasche auf meinen Schoß und fuhr los, doch dann drehte ich mich noch rasch um. Und Angela drehte sich auch noch kurz vor der Tür um und winkte mir zu. Das war Timing! Wenn das nicht etwas zu bedeuten hat.

Das Abendessen war fad ohne Angela und das Bett so leer. Am nächsten Tag war mein Therapeut zufrieden mit mir. Doch am Nachmittag kam der Hammer. Rudi kam und ich dachte er würde mich besuchen und nachfragen wie es mir geht. Doch weit gefehlt. Er kam etwas zerknirscht zu mir und überreichte mir ein Kuvert.

„Es tut mir leid. Aber ich weiß nicht wie oft du im Jahr ausfallen wirst und das kann ich mir nicht leisten, dass du ständig im Krankenstand bist. Und nichts in der Arbeit weiterbringst. Es ist besser so. Du bist noch den ganzen Jänner angemeldet", drehte sich um und verschwand.

Dann riss ich das Kuvert auf. Es war meine Kündigung. Doch es schmerzte nicht so wie ich zuerst vermutet hatte. Da ich schon von den anderen vorgewarnt war und ich mit Angela auch schon darüber gesprochen hatte, war es leicht es zu akzeptieren. Angela! Ich musste ihr das sofort schreiben.

„Habe gerade die Kündigung von Rudi bekommen!"

Es kam rasch eine Antwort von ihr. Saß sie am Telefon?

„Wie geht es dir? Bist du sehr geschockt?"

„Danke es geht. War ja schon vorgewarnt und ich war ruhig. Wunderte mich selber darüber."

„Das ist gut. Nicht ärgern darüber. Wo eine Tür zugeht, muss woanders eine aufgehen."

Das war sehr nett gesagt. Aber wo geht jetzt meine Tür auf, überlegte ich. Da ich etwas Zeit hatte, sah ich in den Jobbörsen nach was es so gab und wer etwas suchte. Auch machte ich mir demnächst Gedanken darüber ob ich mich nicht selbstständig machen sollte. Kontakte hatte ich genug. Aber wo mein Büro machen? Für den Anfang musste es in meiner Wohnung gehen. Dann würde ich weitersehen. Ich müsste dann auch Willi fragen ob er für mich dann auch Zeit erübrigen konnte, wenn ich jemanden für einen Videodreh brauchte. Ich hatte kaum Zeit mich zu bedauern, denn da war mein straffer Therapieplan und dazwischen sah ich nach Stellenangeboten oder machte mir Gedanken über ein Logo zum Selbstständig machen, sollte ich nichts finden. Meistens morgens schickte ich Angela einen Morgengruß, den sie immer erwiderte. Hin und wieder fragte sie mich auch wie es mir geht. Ich erzählte ihr von meinem straffen Plan.

Am Donnerstag dem 8. Jänner hatte ich fast den ganzen Nachmittag frei. Am Mittwoch hatte ich schon den Chauffeur von Herrn Pöller gefragt ob er mich abholen könnte, da ich in die Firma musste und meine Sachen abholen, die noch dort waren. Es war kein Problem. Herr Pöller gab ihn für mich frei. Ich hatte ja den Gutschein. Aber den sollte ich mir für etwas Besseres aufheben, als für die Fahrt. Ich fuhr schon absichtlich mit dem Rollstuhl in die Firma. Eigentlich könnte und sollte ich schon gehen, aber das konnte ich mir nicht verkneifen. Dort angekommen sah ich eine mir bekannte Frau im Büro von Rudi. Ich fragte Gerry wer das ist.

„Das ist Rudis neue Flamme, für die tut er alles. Sie ist eine adelige und so etwas hatte ihm ja schon immer gefallen."

Eine adelige? Dann kam mir diese Frau in den Sinn, diese Baroness zu Frankenburg. Jetzt wusste ich auch woher der Wind wehte. Sie war ja diejenige die die Bäckerei schlecht machen wollte und sich aufgeführt hat, als wäre sie der Papst. Das war Rudis neue Freundin. Na, dann wünschte ich ihm viel Glück und ich schätzte, dass er sicher ihren Namen annehmen würde. Er fühlte sich schon immer als etwas Besseres und jetzt hatte er sein Gegenstück gefunden. Da ich nicht viel hatte, war ich auch schnell fertig. Meine Kollegen bedauerten es sehr und jeder schenkte mir etwas. Der eine, eine

Klammermaschine, ein anderer die Locher Maschine, dann noch neue Bleistifte und eine Packung Kopierpapier. Das verstaute ich alles unten in der Schachtel, die sie mir gebracht hatten. Sie wünschten mir viel Glück und ich solle sie nicht vergessen. Das würde ich nie, denn die Sachen würden ja eigentlich der Firma gehören, Rudis Firma. Den Schlüssel lies ich auf meinem Tisch. Ich wollte nicht mehr zu Rudi hinein und sein Glück stören.

Als ich zur Tür fuhr, kam hinter mir wer nach. Nach dem Geklapper eine Frau mit Stöckelschuhen. Und wer war es? Die Baronesse. Sie wollte auch in den Fahrstuhl, doch ich war etwas schneller.

„Was erlauben Sie sich!", sagte sie sofort erbost.

Ich fuhr ungeniert hinein und drehte mich um. Sie starrte mich an, anscheinend fiel ihr auch ein von wo sie mich kannte.

„Ich bin behindert und habe Vorfahrt. Sie können ja die Treppe nehmen ich nicht."

Hinter ihr zeigten mir meine Exkollegen den Daumen hoch. Dann schloss sich auch schon die Tür. Jetzt musste sie warten. Doch unten angekommen stellte ich rasch den Mistkübel zwischen die Tür, damit die Tür nicht zugehen konnte. Jetzt musste sie die Treppe über zwei

Stockwerke nehmen. Herr Jäger sah mich verwundert an. Nachdem er mir ins Auto geholfen hatte und losfuhr, erklärte ich ihm die Sache. Er fing auch an zu lachen.

„Ja das gehört der überdrehten Baronesse mal gezeigt. Sie trägt die Nase so hoch, dass es immer rein regnet."

Also kannte er sie auch. Beide lachten wir und es war noch wer meiner Meinung. Und nicht nur meine Exkollegen. Am Abend rief ich noch Angela an. Das musste ich ihr erzählen. Sie lachte zwar nicht, aber ein schmunzeln konnte sie sich auch nicht verkneifen. Das spürte ich sogar über die Telefonleitung.

Und dann überraschte sie mich am Sonntag. Statt Beatrice kam sie mit meiner Wäsche. Beatrice holte sie auch immer brav donnerstags oder freitags ab. Und brachte sie mir am Sonntag. Diesmal kam Angela höchst persönlich. Nachdem ich die Wäsche in mein Zimmer gebracht hatte, setzten wir uns ins Café und sie erzählte mir von der Bäckerei. Dass der Zwischenfall mit der Baroness eigentlich noch mehr Werbung für sie war als das Gegenteil, wie diese erhofft hatte. Dann erzählte ich ihr auch noch einmal persönlich vom Treffen in der Firma. Sie lächelte darüber. Dann fiel mir aber noch wer ein.

„Was ist jetzt mit dem kleinen Mädchen und ihrer Mutter?"

„Ach ja. Wegen dem bin ich auch da. Sie kam auch wirklich am Montagvormittag. Zuvor hatte sie noch angerufen wann die beste Zeit wäre.

Ich begrüßte sie freundlich. Auch klein Luisa war mit dabei.

„Tut mir leid, wenn meine Tochter Sie belästigt hat. Aber mir war das alles so peinlich, als sie mit dem ganzen Essen nach Hause kam. Mich hat zu Weihnachten die Grippe erwischt. Und so hatte ich nur das Nötigste zu Hause und auch kaum Geld. Ich muss es mir leider gut einteilen. Bin schon seit einem halben Jahr zu Hause. Und dann kommt Luisa mit einem Sack voller guter Sachen und das auch noch, ohne etwas zu bezahlen. Die Fleischerei ums Eck hatte ihr auch eine Stange Wurst und ein Stück Fleisch gegeben. Und nichts genommen. Bei denen habe ich mich auch schon bedankt. Und dann sagt sie noch, ich solle diese Nummer anrufen. Ich wäre auch ohne die Nummer gekommen. Aber danke noch einmal und was bin ich Ihnen jetzt schuldig?"

„Nichts. Das habe ich gerne gemacht. Aber Ihre Tochter hat erzählt sie „halten Bücher"?"

„Ach Gott ja. Sie versteht es nicht so richtig. Ich bin Buchhalterin und auf der Suche nach einem Job. Aber Teilzeit gibt es kaum etwas. Und ich kann mir keine Tagesmutter leisten, auch wenn ich Ganztags arbeiten würde. Mein Freund hat mir auch noch Schulden hinterlassen, die ich bezahlen muss. Weil er alles auf meinen Namen bestellt hat. Aber die Sachen mitgenommen. Ich habe die Schulden und er das Vergnügen. Alimente will er auch nicht bezahlen. Er sagt, er muss schon für ein Kind bezahlen und zwei kann er sich nicht leisten. Das konnte er aber nicht früher erzählen. So muss ich mich halt durchraufen. Natürlich freut es einem, wenn man Hilfe bekommt, aber es ist doch peinlich."

„Na gut, dann sehen wir ob wir etwas abklären können. Aber Luisa wird es sicher fad werden dabei."

Wir gingen dann in die Backstube und bat Susi auf Luisa aufzupassen. Die ging mit ihr sofort zum Tisch wo sie die Brezen machen. Die Frau sah ihr sorgenvoll nach.

„Keine Angst sie ist bei Susi gut aufgehoben. Ich heiße Angela Koller und Sie?"

Jetzt fiel ihr erst auf das sie sich noch gar nicht vorgestellt hatte.

„Berger, Aloisia Berger. Und meine Tochter heißt …"

„Luisa. Das wissen wir schon. Ich hatte auch eine Tochter, sie hieß auch Luisa."

„Was für ein Zufall. Die Tochter von meinem Exfreund heißt auch so. Er sagte der Name wäre so schön und er dürfe seine Tochter nicht sehen, weil die Mutter seiner Tochter spinnt. Sie will sie ihm nicht überlassen. Er darf sie nicht einmal besuchen. Weil ich sie schon kennen lernen wollte. Und auf einmal war er eine Staubwolke."

„Oder wie Ihre Tochter sagte: „Vater ist ein Zauberer. So schnell verschwunden." Wir kannten uns kurz nicht aus."

„Ja sie verdreht gerne die Wörter. Aber sie ist ja auch erst 6 Jahre."

Für die 6 Jahre kam sie mir etwas klein vor.

„So, aber jetzt zu einem anderen Anliegen. Sie suchen Arbeit und ich suche eine oder einen Buchhalter. Für den Anfang nur für 20 Stunden. Ich komme mit der Buchhaltung nicht nach, da ich sehr viel in der Bäckerei helfe. Hätten Sie Zeit und Lust hier zu arbeiten? Und wenn etwas übrig bleibt im Laden dürfen Sie auch etwas mitnehmen, bevor wir es wegschmeißen. Und falls Sie es mitbekommen haben, hier arbeiten einige behinderte Menschen. Mit denen müssen Sie auskommen. Das ist die einzige Bedingung."

Sie starrte mich mit großen Augen an. Die gleichen wie bei Luisa.

„Aber was mache ich, wenn Luisa Ferien hat oder krank ist?"

„Wenn Ferien sind finden wir sicher eine Lösung und wenn sie krank ist bleibst du zu Hause und kommst, wenn sie gesund ist. Wenn es deine Zeit erlaubt arbeitest du die Zeit später ein und eine Woche gibt es ja sowieso frei."

„Das wäre ein Glücksfall!", sagte sie schon unter Tränen.

„Ja es war ein Glücksfall als Luisa noch vor 13 Uhr bei uns hereinkam und nach einem Stück Brot für ihre Mama fragte, die krank zu Hause liegt. Und zeigte auch das Fleisch und die Wurst, die sie bekommen hat. Ja und dann erzählte sie vom Papa dem Zauberer, von der Mama die Bücher hält und vom Chef der lieber große Büste will und keine schlauen Frauen."

Aloisia hätte in den Boden versinken können.

„Keine Sorge. Sie wollte nur das ihre Mama was zum Essen hat und wieder gesund wird. Da halfen wir alle gerne. Und da ich eine Hilfe brauche, gab ich ihr auch gleich meine Nummer. So profitieren wir beide. Vorher habe ich mir noch gedacht, ich brauche dringend eine Hilfe, weil ein Bekannter mir kurzfristig im Büro geholfen hatte. Und dann stand Luisa da."

Frau Berger wusste jetzt nicht was sie sagen sollte.

„Überlege es dir gut und sag mir dann bis am 31. Bescheid. Wenn du am 2. Jänner anfangen willst."

„Wollen sofort, aber ich muss das erst mit Luisa abklären. Wer aufpasst, da ja noch Ferien sind."

Wenn du niemanden hast, dann nimm sie mit. Sie kann im Laden vorne mit Susi spielen, lesen oder malen. Susi macht das sehr gerne. Das wäre kein Problem."

Aloisia sah mich immer noch verwundert an. Dann klingelte ihr Handy.

„Entschuldigen Sie, das ist mein EX. Der ruft ziemlich spät an. Er hätte schon an Hl. Abend anrufen sollen."

Dann hob sie ab. Sie sprach, besser gesagt, sie schimpfte mit ihm, weil er sich jetzt erst meldet. Er hätte sich schon an Hl. Abend melden und auf Luisa aufpassen sollen, weil sie krank war. Ihm schien das egal zu sein. Obwohl sie weiter weg stand, hörte ich einige Sprachfetzen und seine Stimme. Das kam mir alles so bekannt vor. Dann stellte es sich heraus, dass er gar nicht hier war, sondern mit seiner Ex mit der er sich wieder versöhnt hatte. Im Urlaub auf den Malediven war.

„Für Urlaub hast du Geld, aber für uns nicht?", brüllte sie ins Telefon und legte auf.

Dann starrte sie mich an.

„Entschuldigung, das wollte ich nicht, aber er bringt mich immer so auf die Palme. Dieser Schmalspurhans. Jetzt ist er wieder bei seiner alten Freundin mit dem Kind und meinte, er könne nur für eines Sorgen. Ich müsse schon sehen wie ich zurechtkomme. Den Urlaub bezahlt sie, weil er ja kein Geld hat. Und jetzt ist sein Kind auch noch behindert durch eine Krankheit, darum müsse er schon für sie da sein."

Jetzt war ich stutzig geworden. Ein Freund sagte zu meinem Freund auch immer Schmalspurhans.

„Wieso heißt ihr Freund Schmalspurhans? Ich kenne auch jemanden der so genannt wurde."

„Eigentlich heißt er Schmall Johann. Aber weil er immer so schlank ist, nennt er sich selber so, weil er essen kann was er mag und nimmt trotzdem nichts zu."

Jetzt war ich blass geworden, so blass wie sie noch war.

„Mein damaliger Freund hieß auch Schmall Johann."

Jetzt war sie wieder dran verstört drein zu sehen. Dann zog sie ihr Handy und zeigte mir ein Foto von ihrem Freund. Ich konnte das nur anstarren. Es war Hans, mein damaliger Freund.

„Was ist mit dir?", fragte sie erschrocken und war auch ins du gekommen.

„Das-war-auch-mein-Freund", sagte ich langsam.

„Deiner auch?"

Dann wirbelten ihre Gedanken.

„Du hast auch eine Tochter? Aber wenn er bei seiner Ex ist und nicht bei dir, wo dann?"

„Er ist ein hinterhältiger Kerl. Er lügt eine jede an. Ich hatte ihn rausgeschmissen, als er sagte ich solle mein Kind abtreiben. Er hat sie sich nie angesehen. Und ein behindertes Kind wollte er schon gar nicht. Ich musste Tabletten nehmen in der Schwangerschaft, aber die vertrug ich nicht, darum kam leider meine Tochter Luisa behindert auf die Welt. Er hat sie weder gesehen, noch besucht. Auch nicht zu Weihnachten, Ostern oder an ihrem Geburtstag etwas geschenkt. Also war ich nicht die, zu der er zurückgehkehrt ist. Und ich habe es ihm nie verboten seine Tochter zu sehen. Ich bekam nur über das Jugendamt Geld von ihm. Das passte ihm gar nicht und wollte es abstreiten. Er musste sogar einen Vaterschaftstest machen, der eindeutig bewies, dass er der Vater war. Das einzige was ich hörte war nach ihrem Tod: Gott sei Dank ist das Balg tot! Ich hätte ihn da umbringen können. Er macht sich auf Kosten anderer ein schönes Leben. Die Miete musste ich ihm fast jedes Mal rauspressen, bis er endlich einen Dauerauftrag machte. Aber das klappte auch nicht immer, da er nie lange wo arbeitete. Er blieb lieber zu Hause und jammerte das es ihm fad wäre und wir nicht irgendwo Urlaub machen könnten. Ich verdiente gerade so viel, dass wir leben konnten. Miete und Strom war etwas das ihn nicht interessierte. Lieber kam er daher und erzählte immer, dass der oder die gerade dort Urlaub machen und wieso wir nicht. Ich verdiene ja eh und könne ja einen Kredit aufnehmen. Ich dachte ich spinne. Kein Geld dazu verdienen und solche Ansprüche stellen. Ich war dann froh ihn los zu sein."

    Aloisia sah mich immer nur verwundert an und nickte oft dazu.

    „Ich würde dann schon gerne wissen, wo er jetzt ist. Mich hat er mit den Schulden stehen lassen, da war er anscheinend schon schlauer nichts auf seinen Namen zu bestellen. Ja und Urlaub machen wollte er ständig. Ich konnte es mir nicht leisten, jeden Monat in Urlaub zu fahren. Hatte ja nicht so viel Urlaub wie er. Er war fast ständig zu Hause. Und dann glaubte er noch, wenn man ein Kind hat, bekommt man mehr Geld und wir können uns dann noch mehr leisten. Er meinte seiner Ex geht es jetzt viel besser. Sie braucht nicht mehr arbeiten zu gehen, ist nur mehr zu Hause und wenn wir das Geld nehmen, können wir gut in Urlaub fahren. Ich fragte ihn, ob er auch weiß was so ein Kind braucht. Er meinte, das können wir uns auch ausborgen. Seine Ex wird sicherlich nichts dagegen haben, wenn wir uns den Kinderwagen und alles ausborgen. Er sah wieder mal nur das Geld, das er damit verdienen könne, wenn er alles hinterher verkaufte. Aber es gehörte uns ja nicht. Als meine Freundin das Maxi Cosi zurückhaben wollte, sagte ich ihr, das hat doch Hans schon zurückgebracht. Sie verneinte es. Dann kam ich darauf, dass er hinter meinem Rücken alle Sachen die Luisa zu klein wurden verkauft hatte. Ich stand wie ein begossener Pudel da. Frederike versprach ich ihr einen neuen zu kaufen, denn das konnte ich mir nicht gefallen lassen. Hans meinte nur, sie solle nicht so zimperlich sein, das alte Ding wäre ja schon bald aus dem Leim gegangen. Und sie hätte ja so viel mehr Geld als wir, sie würde sich doch einen neuen leisten können. Und dann bekam sie noch Zwillinge. Hans meinte dann noch, wir sollten auch noch eines bekommen, denn dann, würden wir mehr Kindergeld bekommen und könnten uns mehr leisten. Ich starrte ihn nur an. Er der nichts arbeitete, im Haushalt auch nichts machte und immer nur jammerte, wenn das Kind weinte. Eines Tages kam er auf die Hirnrissige Idee wir geben das Kind zur Adoption frei, ich könne ja noch welche bekommen, damit könnten wir gut verdienen. Er wüsste einige Leute, die viel Geld für ein Baby zahlen würden. Dann war es aus bei mir. Er wollte seine eigene Tochter verkaufen? Seine eigenen Kinder? Ich verstand ihn nicht. Sex machen wollte er sowieso nur ohne Kondom. Das mochte ich gar nicht, da ich die Pille nicht vertrage. Ich erwischte ihn, Luisa war gerade zwei Jahre, wie er ihre Sachen packte und mit ihr abhauen wollte. Er wollte sie doch wirklich verkaufen. Aloisia wir bekommen 20 000 Euro dafür. Rechne dir das mal aus. 20 000 Euro jedes Jahr für ein Kind und für Babys zahlen sie noch mehr. Du bekommst weiterhin das Kindergeld. Na, glaubst du wie gut wir dann leben könnten. Ich konnte ihn nur anstarren. Er wollte mich zur Gebärmaschine machen. Ich nahm ihm Luisa ab, brachte sie in ihr Zimmer und dann schmiss ich ihn hochkantig raus. Sie sollte das nicht sehen und er solle sich nicht wieder hier blicken lassen. Geld bekam ich sowieso keines von ihm, Alimente wollte er keine zahlen. Das Jugendamt schießt es mir vor. Ob sie es von ihm bekommen weiß ich nicht. Hauptsache ich kann leben, doch ohne Job geht das auch schlecht. Und ich kann es ihm leider nicht beweisen, dass er dahintersteckt, dass ich keinen Job mehr habe. Bei den anderen bin ich auch mit fadenscheinigen Gründen gekündigt worden. Also beiße ich mich so durch. Andauernd meinte er ich könne viel Geld verdienen, nur müsse ich das Kind weggeben. Er würde das Erledigen, dann würde es mir sofort besser gehen. Ich könnte ihn …"

Ich hatte mir alles in Ruhe angehört. Das konnte es doch nicht geben, was ich da hörte. Das war ja noch schlimmer geworden. Da musste etwas unternommen werden, so konnte das nicht weitergehen. Wir bräuchten einen Anwalt, der sich auskennt, aber ein Anwalt kostete Geld. Und Geld hatte Herr Pöller. Und ich hatte von Herrn Pöller einen Gutschein. Das würde ich in die Tat umsetzen.

„Aloisia, ich darf dich doch so nennen? Wir sind ja irgendwie Leidensgenossen. Du fängst bei mir am 1. Jänner an zu arbeiten, das mit Luisa bekommen wir hin. Susi wird aufpassen auf sie. Und wegen Hans werde ich auch etwas unternehmen. Und es gibt keine Ausrede. Mal sehen ob er sich bei mir meldet. Ich kenne jemanden der mir, nein uns helfen kann. Also mach dir keine Sorgen. Es wird alles gut."

Aloisia wusste nicht was sie sagen sollte. Gerade in dem Moment kamen Susi und Luisa herein. Luisa mit einer großen Brezel.

„Mama, die habe ich gemacht und ich darf sie auch behalten, hat Susi gesagt."

Aloisia wusste nicht wo sie zuerst hinsehen sollte. Auf die Brezel, auf Luisa die weiß vom Mehl war, oder auf mich wegen des Angebots und ob Luisa wirklich die Brezel behalten darf.

„Natürlich darf sie diese mitnehmen, hat sie ja auch gemacht. Und Susi, wie wäre es, würdest du gerne öfter auf Luisa aufpassen, wenn sie keine Schule hat?"

„Ja gerne", sagte sie und beide jubelten.

„Mama darf ich dann jeden Tag eine Brezel backen und mitnehmen?"

Wir lachten. Für sie war das selbstverständlich. Aloisia sah mich fragend an.

„Natürlich, wenn du immer so brav bist und Susi Zeit hat, dürft ihr jeden Tag eine Brezel backen."

Luisa jubelte. Das hätte ich auch gerne bei meiner Tochter gesehen. Leider war mir das Glück nicht vergönnt.

„Wo ist denn eigentlich deine Tochter?", fragte mich Aloisia.

„Sie ist vor drei Jahren verstorben. Sie ist nur fünf Jahre geworden."

Darauf wusste Aloisia auch nichts. Aber es passte so wie es war. Ich machte das Beste aus allem. So gut ich es konnte. Nachdem sie sich bedankt hatte, gingen wir gemeinsam in den Laden und Susi erzählte schon, dass sie auf Luisa aufpassen durfte. Aloisia packte ich noch etwas zum Essen ein. Sie wollte es nicht nehmen.

„Nimm es als Anzahlung, wenn du willst. Und du bist am 2. Jänner pünktlich um 8 Uhr hier. Und jetzt lasst euch alles gut schmecken und kommt zu Kräften."

Denn Luisa war auch sehr zart. Sie bedankte sich herzlich und die beiden gingen dann nach Hause. Meine zwei Verkäuferinnen sahen mich fragend an.

„Ich habe sie als Buchhalterin angestellt. Und fängt am 2. an."

Jubel tat sich auf. Jetzt war ich verwundert.

„Wurde ja auch schon Zeit. Du sitzt immer viel zu lange im Büro und hast kaum Freizeit, weil du auch in der Backstube immer so viel hilfst. Wir hatten schon die Befürchtung, dass wir auch mithelfen müssen im Büro."

Jetzt lachte ich. Nein, das war alleine meine Aufgabe. Aber ich hatte jetzt noch eine zu erledigen. Ich ging in mein Büro zurück und rief Herrn Pöller an und fragte ihn, ob er einen guten und nicht sehr teuren Anwalt weiß. Ich erklärte ihm wozu ich ihn brauchte. Er war auch sofort aufgebracht über so viel Frechheit. Er würde mir einen guten vorbeischicken. Aber auch einen den ich mir leisten kann, meinte ich. Er sagte, das macht er schon. Pünktlich um 9 Uhr am 2. Jänner kam ein Herr Knut Gross und stellte sich bei mir vor und sagte, dass er von Herrn Pöller geschickt wurde. Er wisse nur einen kleinen Teil und ob wir ihm mehr erzählen würden. Natürlich! Es ging dann zwar der ganze Vormittag drauf, aber es zahlte sich aus. Er notierte sich alles und würde einen Detektiv auf Hans ansetzen, um zu sehen was er jetzt macht und wo er war.

„Aber wir können das nicht alles bezahlen", meinte ich.

„Das erledigt Herr Pöller und ich solle Sie auf den Gutschein verweisen", war seine Antwort.

Dann verabschiedete er sich und seitdem warten wir auf Neuigkeiten von ihm."

Ich war sprachlos gewesen über so viel Frechheit. Und freute mich für Angela, dass sie endlich eine Hilfe im Büro hatte. Sie würde alles für sie tun, das wusste ich jetzt schon. Und ich war gespannt wie es weiter gehen würde. Durch das viele erzählen, war es schon spät geworden. Sie musste auch schon gehen und ich zu meinem Abendessen. Weil hier so viele Leute waren, konnte ich sie nicht küssen, darum gab ich ihr einen Handkuss. Sie wurde sofort verlegen.

„Wer holt dich ab? Oder bist du mit dem Taxi gekommen?", fragte ich sie.

„Ich habe ein ganz persönliches Taxi."

Wir waren schon an der Tür angekommen und da sah ich draußen einen Wagen und daneben stand Herr Jäger. Ich lächelte nur. Beide mussten wir gehen und ich freute mich schon auf das nächste Treffen. Wann würde das sein?

Die Therapie spannte mich sehr ein, aber dafür stellte sich auch der Erfolg ein. Es ging immer besser und länger mit dem Gehen. Ich war überglücklich. Auch meine Ärzte waren sehr erfreut. Ich musste trotzdem alle drei Monate zur Kontrolle, aber das war das kleinere Übel. 14 Tage später durfte ich nach Hause. Es war ein Freitagnachmittag. Ich hatte Beatrice gebeten mich abzuholen. Sie konnte es mir nicht versprechen, doch sollte es nicht klappen würde sie jemanden anderen schicken. Meinen Rollstuhl nahm ich als Erinnerung mit. Er solle mich immer daran erinnern und mir Glück bringen. Ich dachte an Willi, doch als ich dann Freitagnachmittags rauskam, stand ein anderer Wagen vor dem Haus. Und aus dem Auto stieg Angela. Es war der private Wagen von Herrn Pöller mit samt Chauffeur. Der nahm meine Tasche und den Rollstuhl und gab alles in den Kofferraum. Ich konnte nur staunen. Mein Staunen wurde noch größer. Als wir in den Wagen stiegen, sagte Angela das sie noch eine Überraschung hätte. Der Wagen fuhr los.

„Ja und welche?"

„Auf die musst du alleine kommen. Aber zuerst erzähle ich dir von Aloisia und Luisa."

„Ja was gibt es Neues bei den beiden?"

„Wir haben eine gute Chance, dass Aloisia bald keine oder weniger Schulden hat. Da er ihre Unterschrift bei den Bestellungen gefälscht hat, mussten viele ihre Ansprüche auf Aloisia zurückziehen. Herr Gross hatte einen Detektiv beauftrag, Hans zu beschatten. Der fand heraus, dass Hans eine neue reiche Freundin hat und mit der er etliche Geschäfte macht. Nicht immer gute, aber da ist die Polizei dran. Da er oft wo schwarzarbeitet, ist auch noch die Finanzpolizei ihm auf der Spur. Ich will gar nicht wissen, was er so alles macht. Das hat uns der Anwalt nicht erzählt. Aber derzeit ist alles im Laufen. Ich hoffe, er bekommt das was er verdient. Uns so zu hintergehen. Aloisia so anzulügen, dass er nur für ein Kind bezahlen kann. Ja er hat noch eines. Einen Sohn, aber was mit dem ist, wissen wir noch nicht. Für den zahlt er anscheinend auch nicht. Er ist irgendwo noch mit der reichen Tussi unterwegs. Mehr hat er uns noch nicht erzählt. Er will uns erst später alles sagen. Luisa ist sehr glücklich und spielt gerne mit Susi und eine jede ist traurig, wenn die andere nicht da ist. Aloisia hat sich schon gut eingearbeitet. Jetzt brauche ich abends nicht mehr im Büro bleiben. Wir können das meistens vormittags erledigen. Mir ist in letzter Zeit etwas fad geworden. Ich habe sogar ein Buch angefangen zu lesen. Das war schon lange nicht mehr."

Sie lachte. Jetzt hatte ich auch Zeit aus dem Fenster zu sehen. Denn ich habe während sie sprach, nur sie angesehen. Aber diese Gegend kannte ich nicht und das war sicher nicht der Weg zu meiner Wohnung. Jetzt wurde ich stutzig. Ich solle selber auf meine Überraschung draufkommen. Wo fuhren sie mich denn hin? Wir waren auf der Autobahn. Und wo ging die Reise hin? Ich wollte nach Hause und mit Angela alleine sein. Wenn auch nur für kurze Zeit. Hatte sie überhaupt so viel Zeit?

„Wo fahren wir hin? Musst du nicht in der Bäckerei sein?", fragte ich sie verwirrt.

„Nein. Das Wochenende übernimmt Aloisia für mich und Susi passt bei Luisa zu Hause auf sie auf. Am Anfang war Aloisia skeptisch Susi gegenüber, aber das hat sie abgelegt. Sie könnte sich kein besseres Kindermädchen wünschen."

„Das ganze Wochenende? Wo entführst du mich denn hin? Und du ohne die Bäckerei?"

„Ja, es gibt noch Zeichen und Wunder. Und ich hoffe, du bist mir nicht böse, dass ich dein Wochenende schon verplant habe."

Ich war immer noch verwirrt. Wo ging die Reise hin? Ich sah auf die Schilder und dann sah ich einen Ort und das konnte nur eines heißen: Wir besuchten meine Mutter. Wie hatte sie das rausbekommen?

„Wir fahren doch nicht dorthin wo ich es vermute?"

„Und was vermutest du?"

„Sie wird erfreut sein. Aber wo sollen wir schlafen. Sie hat keine drei freien Zimmer und wir werden heute sicher nicht zurückfahren. Das wäre zu viel."

„Nein, Herr Pöller war so freundlich mir zu helfen. Es sind in der Nähe drei Zimmer reserviert für zwei Nächte. Und das Auto plus Chauffeur bleibt das ganze Wochenende bei uns. Wir können frei darüber verfügen."

Also war mein ganzes Wochenende schon verplant.

„Von woher weißt du die Adresse meiner Mutter. Und wie sieht dein Plan aus. Wir können sie nicht so einfach überraschen. Sie fällt uns um, weil sie nichts gerichtet hat."

„Die Adresse war ein Klacks. Sie stand in deinem Adressbuch. Leider ist die mittlerweile auch schon falsch. Beatrice und ich versuchten die neue raus zu finden. Da konnte uns wieder Herr Pöller weiterhelfen. Ja und wir sind auf dem Weg zu deiner Mutter. Du hast das gut rausgefunden."

„Und du weißt schon, wenn wir bei ihr so auftauchen, dass sie glaubt wir sind reich und du meine Freundin?"

„Das müssen wir dann sofort aufklären. Ja und du fährst zuerst mit dem Rollstuhl ins Haus. Sie weiß ja noch gar nicht das du wieder gehen kannst. Mit dem überraschen wir sie hinterher. Das nicht alles auf einmal auf sie zukommt."

„Du hast wirklich schon alles bis ins letzte Detail geplant. Und dafür lässt du sogar deine Bäckerei im Stich?"

„Nein. Ich lasse sie nicht im Stich. Sie ist in guten Händen. Und als ich es allen erzählte, was ich vorhabe waren sie sofort dabei und wünschten mir viel Spaß und auch etwas Erholung. Also du siehst die Bäckerei geht nicht zu Grunde und du wirst deinen Kaffee und dein Gebäck weiterhin bekommen."

„Frau Koller?", störte da gerade Herr Jäger, „Könnten Sie bitte ihrer Tochter sagen, sie soll das Radio in Ruhe lassen? Sie spielen momentan keine Liebeslieder. Ich bin froh einen Sender gefunden zu haben, dreht sie schon wieder um."

Ich starrte nur beide an.

„Ja, Herr Jäger weiß auch Bescheid und ist auch schon Opfer ihrer Streiche geworden."

Ich sah sie nur verwundert an. Ja sie war auch schon offener geworden und zog sich nicht mehr zurück. Aber wieso wusste Herr Jäger Bescheid?

„Lass bitte das Radio", sagte sie laut.

Auf einmal war wieder ein Sender drin. Ich hatte gedacht, das ist, weil er immer den stärkeren Sender suchen musste. Aber das war anscheinend sie. Wir hatten noch eine gute Stunde zu fahren. Herr Jäger fuhr zu einer Raststätte.

„Ich denke, eine Pause wird jedem guttun und trinken sollten wir auch etwas."

Das war eine gute Idee. Wir holten uns einen Kaffee und aßen einen Kuchen dazu und jeder eine Flasche Wasser zum Trinken für unterwegs. Dann ging die Fahrt weiter. Wir unterhielten uns recht gut. Auch erzählte sie mir, wie sie Herrn Jäger bat, Herrn Pöller zu fragen ob er uns sein Auto borgen würde, damit sie mich überraschen können. Er machte sogar mehr. Er gab uns noch den Chauffeur dazu. Ich konnte nur den Kopf schütteln. Ich war in Herrn Pöller`s schuld, weil er mir so viel half. Und auch in Angelas. Sie machte auch sehr viel für mich.

Je näher wir Passau kamen, desto nervöser wurde ich. Ich hatte Mutter schon länger nicht mehr gesehen. Aber wir fuhren nicht nach Passau hinein, wie ich glaubte. Nein wir fuhren vorher ab und zu einer wunderschönen Siedlung. Bei einem dieser Häuser hielt er an.

„Wir sind da", verkündete Herr Jäger.

Er nahm seine Mütze ab und sagte: „Wenn wir schon Verschwörer sind, dann können Sie mich auch beim Vornamen nennen. Ich heiße Bertram", und gab uns die Hand.

„Ich bin dann der Nik."

„Und ich die Angela."

„Danke", sagte er.

„So ich werde euch hier rausschmeißen und ins Hotel fahren und uns anmelden. Wenn ihr fertig seid, dann meldet ihr euch. Und vergesst nicht, ihr habt morgen auch noch den ganzen Tag Zeit zum Reden. Wir fahren erst Sonntag um 15 Uhr zurück. Denn um 19 Uhr muss ich Herrn Pöller vom Flughafen abholen. Also viel Spaß in der Zwischenzeit."

Dann stieg er aus, holte den Rollstuhl und stellte ihn vor die Autotür. Ich schlüpfte rasch hinein. Angela brachte mich zur Tür und läutete an. Kurze Zeit später hörten wir schon eine Stimme. Eine Frau öffnete und sah uns völlig überrascht an.

„Ja bitte?"

Ich hätte sie fast nicht wiedererkannt. Sie sah sehr viel besser aus. Als früher.

„Nik? Nik bist du das? Wie kommst du hierher?"

Jetzt konnte unser Auto wegfahren. Bertram hatte noch gewartet, ob auch jemand zu Hause war.

„Hallo Mutter. Schöne Überraschung, oder? Aber ich wurde auch überrascht. Sozusagen entführt."

Sie konnte sich nicht genug wundern. Ein Mann kam hinter ihr zum Vorschein.

„Margarethe. Was stehst du wie angewurzelt vor der Tür?"

Dann sah er mich.

„Ist das vielleicht dein Sohn? Welche Überraschung. Lass ihn doch herein. Du wirst sie ja nicht draußen in der Kälte stehen lassen."

Schon schob er sie auf die Seite, damit wir reinfahren konnten. Es war ein schönes und geräumiges Haus. Wir zogen unsere Mäntel aus und fuhren weiter ins Wohnzimmer. Ich staunte nicht schlecht. Mutter war total aus dem Häuschen und studierte sich schon ab, was sie uns zum Abendessen vorsetzen könne. Sie habe ja nichts zu Hause, wieso wir uns nicht gemeldet haben usw.

„Mutter! Beruhige dich doch erst einmal. Wir sind nicht wegen dem Essen hier. Oder sollen wir wieder fahren, bis du dich beruhigt hast?"

„Nein, nein bleibt nur. Es ist nur so eine große Freude."

Auch der Mann versuchte sie zu beruhigen.

„Darf ich mich selber vorstellen? Ich heiße Holger. Sie wird immer noch so nervös, wenn etwas ist das sie nicht geplant hat."

„Hallo ich heiße Nik und das ist meine Begleitung Angela, die alles organisiert hat. Ich bin an der Misere nicht schuld."

Er gab uns die Hand dann sprach er zu Mutter: „Margarethe beruhige dich. Ich mach das schon mit dem Essen. Zur Not gehen wir in ein Gasthaus. Wird uns nicht den Kopf kosten."

Und zu uns sagte er: „Sie will immer noch sparen wie ein Sparmeister. Das bringt man ihr nicht raus. Aber ich kann es verstehen."

Er drehte sich um und ging wohl in Richtung Küche. Mutter konnte mich nur anstarren.

„Nik wie geht es dir? Oh, wie ich mich freue dich wieder zu sehen. Wie lange bleibt ihr? Wir haben nicht einmal ein Gästezimmer für euch. Für so etwas sind wir nicht gerichtet", und ihr rannen die Tränen über die Wangen.

„Mutter, du brauchst nicht weinen es ist alles gut."

„Ach das sind ja Freudentränen. Komm setzt euch doch!", und zog einen Stuhl raus vom Tisch.

Dann sah sie mich verwirrt an, wurde rot und wusste nicht was sie sagen sollte. Es tat ihr anscheinend immer noch weh, dass ich im Rollstuhl saß. Ich hatte mich damit schon lange abgefunden, aber sie anscheinend noch nicht. Das würde sich heute ändern. Ihr Mann kam zurück.

„Leider haben wir nicht viel zu Hause. Wir sind auf einen Überraschungsbesuch nicht eingestellt gewesen. Also müssen wir doch in ein

Gasthaus gehen und etwas essen. Zum Einkaufen ist es auch schon zu spät."

„Ja es ist zu spät. Zu spät für alles", sagte meine Mutter traurig.

Ich wusste nicht was sie hatte.

„Und ich bin schuld daran. Hätte ich nicht meinen Mann verlassen, dann wäre Nik noch gesund. Ich hätte doch noch um meine Ehe kämpfen sollen", drehte sich um, damit man ihre Tränen nicht sah.

Holger war auch betreten.

„Es schmerzt sie immer noch, obwohl ich ihr schon so oft gesagt habe, dass sie keine Schuld trifft. Das Leben ist so hart und du dein Leben schon meistern wirst."

Dann meldete Mutter sich noch einmal zu Wort, ohne sich umzudrehen.

„Wie soll er sein Leben meistern? Im Rollstuhl? Er ist so behindert wie Frau Karsten. Die braucht auch eine 24 Stunden Pflege und er hat ja schon seine Pflegerin mit. Was soll daran besser werden? Und ich bin schuld!"

Wir sahen uns betreten an. Angela legte ihre Hand auf meine Schulter. Ich wusste auch so was jetzt schon zu tun war.

„Mutter. Dich trägt keine Schuld, auch nicht Vater. Eure Ehe war nicht mehr zu retten und außerdem hat Vater dich verlassen und nicht du ihn."

„Ich hätte doch noch um ihn kämpfen sollen!", meldete sie sich noch einmal zu Wort.

„Mutter! Das hätte nichts genützt. Er hatte da schon seine Freundin und wollte dich nicht mehr. Es war schon lange keine Ehe mehr die ihr geführt habt. Es war eine Qual. Auch wenn ich nicht mehr viel mitbekommen habe, aber so viel habe ich auch gesehen, dass er dich immer nieder- und schlechtmachte. Das hast du nicht verdient. Du hast alles für ihn getan und wie hat er es dir gedankt? Er hat dich ständig beschimpft und immer nur Fehler gesucht, wo keine waren. Mutter es war das Beste, das du auch gegangen bist. Du hast hier einen wunderbaren Mann, der dich auf Händen tragen will. Du hast ein wunderschönes zu Hause. Das kenne ja nicht mal ich. Was ich gehört habe, lebt Vater in einer drei Zimmer Wohnung und streitet sich oft mit seiner. Ich habe auch schon mit ihr gestritten. Seitdem habe ich Vater nicht mehr gesehen und gesprochen. Will ich auch nicht mehr. Ich habe viele gute Freunde, die mir helfen und immer zur Seite stehen."

Sie hatte sich bis jetzt noch nicht umgedreht. Sie hatte wenigstens aufgehört zu weinen. Aber das würde wieder anfangen, wenn sie sieht das ich wieder gehen kann. Ich stand auf und machte ein paar Schritte auf sie zu. Holger starrte mich an und wollte schon etwas sagen. Ich wehrte es ab.

„Mutter, dreh dich bitte um."

„Nein. Ich will dieses Leid nicht sehen. Wieso bist du überhaupt gekommen?"

„Mutter, bitte dreh dich um."

„Nein!"

„Mutter, bitte. Du wirst dich freuen."

„Wie soll ich mich freuen? Wenn du im Rollstuhl sitzt ein Leben lang."

Ich legte meine Hand auf ihre Schulter. Sie zuckte kurz zusammen.

„Holger, bitte nicht jetzt!", und wollte meine Hand abschütteln.

Dann sagte Holger auch schon mit Tränen in den Augen, der aber links von uns stand: „Dreh dich bitte um, Margaretha."

Das machte sie doch stutzig und sie drehte sich langsam um. Die Hand aber nicht auslassend. Sie bekam große Augen und ihr Mund blieb offen.

„Darum sind wir hier. Angela hatte das angeleiert, damit du siehst, dass ich wieder auf meinen eigenen Beinen stehen und gehen kann. Ich wurde im Dezember operiert. Der Tumor ist weg und ich war den ganzen Jänner auf Reha.

Wir sind direkt von der Reha hierhergefahren und damit du uns nicht sofort an der Tür umfällst, bin ich noch im Rollstuhl reingefahren. Ich wusste aber nicht, dass es dich so schmerzt mich darin zu sehen. Mutter du hast keine Schuld. Das Leben ist oft gemein. Das habe ich oft genug gesehen. Und weißt du was? Ich habe viele neue Freunde gewonnen, die zu mir stehen, auch als ich noch im Rollstuhl saß. Und die keine echten sind, haben sich in Luft aufgelöst."

Jetzt brach sich alles Bahn. Mutter fiel an meine Brust und heute diesmal vor Freude. Auch Holger liefen einige Tränen über die Wangen. Er genierte sich nicht und Angela hörte ich auch schniefen und nach einem Taschentuch suchen. Mir rannen auch ein paar Tränen über meine Wangen und tropften auf ihr Haar, das ich streichelte. Mehr konnte ich derzeit nicht tun. Es dauerte eine Weile, bis sie sich gefangen hatte. Dann kam meine Mutter wieder zurück.

„Oh Mann Junge. Wieso stehst du noch hier. Setz dich doch. Du wirst sicher müde sein und noch nicht lange stehen können. Geht es noch? Willst du wieder in deinen Rollstuhl?"

Ja da war sie wieder, meine sorgenvolle Mutter.

„Mutter! Es ist alles Okay. Ich bin wieder gesund und ich halte schon wieder etwas aus."

Wir setzten uns dann alle zum Tisch. Angela drückte ich fest die Hand, als dankesschön. Natürlich musste ich meiner Mutter alles erzählen. Das mit Angela und ihre Heilkraft ließ ich aus.

Ich musste sie dann auch aufklären, dass Angela nicht meine Betreuerin war, sondern eine gute Freundin. Das war etwas schwer zu verstehen für sie.

„So und ich bestelle jetzt etwas zum Essen, ob es dir passt oder nicht", sagte Holger.

Mutter hatte nichts dagegen. Das wunderte auch Holger. Als er auch am Tisch saß, erzählte ich alles. Sie sah mich nur an und hielt meine Hand. Eine knappe Stunde später kam das Essen. Aufschnitt, Brot und Garnierung.

„Vor Freude isst deine Mutter heute mehr als sonst", erklärte uns Holger, „Und sie wird vor Freude kein Auge zu machen."

Alle lachten wir. Es wurde dann 23 Uhr bis wir in unser Hotel kamen. Bertram hatte sein Zimmer schon bezogen. Nur gab es einen kleinen Zwischenfall. Es waren ein Einzelzimmer und zwei Doppelzimmer bestellt gewesen. Doch das eine Doppelzimmer war anscheinend nicht gerichtet worden und sonst war keines mehr frei. Ich wollte eigentlich mit Bertram tauschen, damit Angela ihr eigenes Zimmer hatte, doch der wehrte sofort ab. Somit mussten wir uns ein Doppelzimmer teilen. Was mir eigentlich sehr gefiel. Wir richteten uns rasch ein. Angela hatte an alles gedacht und mir frische Sachen eingepackt. Sie ging wieder als erste ins Bad. Dann hörte ich einen Schrei. Sofort lief ich ins Bad. Angela stand nur mit einem Badetuch umhüllt erschrocken vorm Spiegel und zeigte darauf. Ich betrachtete ihn auch. Dort stand: *Viel Spaß, Luisa!*

Jetzt wussten wir auch wieso das zweite Zimmer nicht fertig war. Luisa hatte da etwas gedreht. Aber wieso? Wir sahen uns in die Augen.

„Nein!", sagten wir beide.

Wollte sie uns verkuppeln? Aber das mussten wir alleine schaffen und nicht mit fremder Hilfe. Wir mussten den richtigen Zeitpunkt finden.

„Luisa, lass das bitte", sagte ich, „Wir machen das auf unsere Weise. Und es muss von alleine kommen und nicht durch Drängen."

Dann sah ich das erste Mal etwas Ungewöhnliches. Wie durch Geisterhand wischte jemand die Worte vom Spiegel weg. Wir sahen uns nur an.

„Soll ich noch hierbleiben?", fragte ich Angela.

„Ja bitte."

Beide putzen wir uns die Zähne. Duschen musste ich mich nicht. Danach ging es ins Bett. Zuerst lagen wir nur jeder auf seiner Seite. Dann fragte ich sie: „Willst du dich auf diesen Schock zu mir kuscheln?"

Sofort kam sie zu mir und legte sich an meine Brust. Es war mir als würde ich eine Kinderstimme kichern hören.

„Ich dachte du kannst sie nur immer hören?"

„Das hat sich in letzter Zeit geändert. Jetzt sehe ich auch oft Umrisse von ihr. Oder ihre Stimme ist lauter. Hast du sie vielleicht kichern hören."

„Ja. Lassen wir ihr doch diesen Spaß, wir machen es aber trotzdem auf unsere Weise."

„Ja."

Dann hörten wir etwas Dumpfes, aber wir gaben dem keine Beachtung, sondern kuschelten uns noch fester zusammen. Das hatte ich nicht erwartet, dass ich so schnell wieder mit Angela in einem Bett schlafen würde. Etwas war ich ihr dann doch dankbar.

Der Hoteldirektor entschuldigte sich vielmals, dass so etwas passiert war. Er konnte sich das nicht vorstellen. Wir waren ihm auch nicht böse, denn wir wussten was los gewesen war.

Am Samstag waren wir dann bei Mutter und Holger zum Essen eingeladen. Vormittags sahen wir uns die Gegend etwas an. Zu Fuß! Ich sollte brav weiter meine Übungen machen und jeden Tag, wenn möglich spazieren gehen. Meine Mutter sorgte sich trotzdem weiter, aber es störte mich nicht. Ich sah wie glücklich sie war. Wir hatten viel zu besprechen und zu erzählen. Holger kochte für uns. Er ließ Mutter nicht helfen. Sie solle mit mir etwas unternehmen. Wir hatten viel Zeit alles zu erzählen. Über vieles freute sie sich, über etwas anderes konnte sie sich aufregen. Es wurde ein schönes Wochenende. Leider mussten wir dann am Sonntag, viel zu früh für meine Mutter, wieder abfahren. Dafür lud ich sie zu mir ein. Das nächste Mal sollten sie mich besuchen. Es war eine lange Verabschiedung. Doch wir schafften es noch rechtzeitig wegzukommen. Mutter und Holger standen noch lange am Gartentor und sahen uns nach.

Ja, das Wochenende war schnell vorbei. Und der Alltag hatte uns dann bald wieder. Die Bäckerei stand noch, auch ohne Angela. Montags musste ich mich beim AMS anmelden. Das ging langsam von statten. Die wollten sofort wissen wann ich wieder arbeiten könne, nachdem ich ihnen meine Befunde auch gebracht hatte. Als ich sagte, sofort, weil ich doch arbeiten will, hatte ich schon drei Adressen wo ich mich vorstellen sollte. Die eine war eine Lagerfirma, die eigentlich jemanden mit Staplerschein suchte. Das war sofort erledigt. Die zweite wäre ein Bürojob gewesen. Die fragten mich auch, was ich eigentlich hier wollte. Ich wäre zu überqualifiziert. Auch das war schnell erledigt. Bei der dritten fand ich keinen, weil die Firma Urlaub, bzw. über die Wintermonate geschlossen hatten. 14 Tage später konnte ich meine ganzen Unterlagen, die ich Anfang Februar von Rudi zugeschickt bekommen hatte, dort vorbeibringen. Sie wollte schon wieder, dass ich mich bei solchen Firmen vorstellen ginge. Ich erklärte ihr was ich eigentlich suche.

„Das gibt es derzeit nicht und wenn sie etwas arbeiten wollen, dann müssen Sie das annehmen, was derzeit zur Verfügung steht. Oder wollen Sie kein Geld. Wenn Sie es ablehnen, dann werden Sie schneller von der Liste gestrichen als Ihnen lieb ist."

Konnte es das geben? Also nahm ich die neue Liste und ging. In der Eingangshalle sah ich mir die Liste an, wo etwas zu finden war. Dann drehte ich mich um und ging zurück zum Chef des AMS. Ich klopfte an und nach dem „Herein", trat ich ein.

„Guten Tag. Was wünschen Sie?"

„Guten Tag Herr Glöckl. Mein Name ist Nikodemus Renner. Wird jeder hier der sich als arbeitslos anmeldet, sofort auf Jobsuche geschickt? Dann wundert es mich nicht, wenn viele verärgert sind, weil sie einen Job machen müssen, der ihnen weder gefällt noch dafür geschaffen ist. Ich sollte in einem Lager arbeiten wo man mit einem Stapler fahren soll, was ich leider nicht kann. Oder in einem Büro für das ich überqualifiziert bin. Die würden mir nie das bezahlen, was mir zustehen würde. Oder zu einer Firma geschickt die über den Winter geschlossen hat."

„Oh Mann! Kommen Sie von Cynthia Precht?"

Nachdem ich das bejahte, sprach er weiter: „Zuerst müssen Sie im System sein, damit sie Ihnen Bewerbungen geben kann. Sie macht das schon wieder, nur das sie nicht viele Leute anmelden muss und sie in der Statistik einen guten Platz erhält. Sie hat schon zwei Verwarnungen, wenn sie das noch einmal macht, kann sie sich gleich selber hier anmelden. Also hat sie es schon wieder gemacht. Glaubt sie immer noch sie kommt mit dem durch? Danke das Sie mich informiert haben. Ich werde das gleich erledigen. Und warten Sie auf Post von uns, dann kommen Sie wieder. Das nächste Mal haben Sie sicher eine neue Betreuerin oder Betreuer."

„Und diese neuen Bewerbungen?", und hielt sie ihm hin.

„Die nehme ich mit. Was sind Sie eigentlich von Beruf?"

„Werbefachmann und Marketingmanager."
Er sah sich die Bewerbungen durch.

„Von denen nimmt Sie auch keiner. Was denkt sie sich dabei?", sagte er schon wütend.

Dann gab er mir seine Hand und verabschiedete sich von mir. Ich wollte gar nicht wissen, was jetzt mit ihr passiert. Also hatte ich jetzt etwas Zeit gewonnen. Die nutzte ich um an meiner Karriere als Selbstständiger zu arbeiten. Es gab viel zu bedenken. Ich suchte viel im Internet, was ich alles brauchte und machen musste. Ich notierte mir alles, damit ich es später zur Hand hatte, wenn ich es brauchen sollte. Aber ich hoffte immer noch, dass ich eine neue Arbeit finden würde. Ich sah auch in der Zeitung und im Internet nach Inseraten. Aber es gab nicht viel für Werbemanager.

Dafür gab es etwas Neues bei Angela und Aloisia. Aloisia half sehr viel in der Bäckerei und die beiden verstanden sich prima. Susi spielte gerne mit Luisa. Die beiden waren ein Herz und eine Seele. Aloisia war froh, so einen guten Babysitter zu haben. Obwohl sie ihr am Anfang nicht getraut hatte. Das mit Hans lief auch. Die Polizei beschattete ihn, um zu erfahren was für Geschäfte er macht. Denn ihr Anwalt hatte der Polizei einen Tipp gegeben, nachdem ihm der Detektiv einige Beweise gebracht hatte. Er warf mit etwas zu viel Geld um sich. Aber für Luisa hatte er kein Geld. Und vor ein paar Tagen rief er sogar in der Bäckerei an, um Aloisia schlecht zu machen. Er verstellte seine Stimme, um nicht erkannt zu werden, aber Angela hatte ihn auch so erkannt. Er erzählte ihr das Aloisia lügt, Geld unterschlägt und nicht auf ihre Tochter aufpasst. Sie ständig alleine lässt. Angela sagte ihm, dass sie das Kontrollieren wird. Es war Absicht das es Aloisia Hans erzählte, wo sie arbeitete. Er sollte in eine Falle tappen. Angela hatte alles aufgenommen für die Polizei. Verleumdung hieß das. Das war auch ein Beweismittel. Sie sammelten alles was sie bekommen konnten. Was genauer dahinter steckte, erfuhren wir noch nicht. Aber die Schnur um seinen Hals zog sich unweigerlich enger. Aloisia würde trotzdem keine Alimente bekommen, aber Hans seine gerechte Strafe. Und das war es allemal wert.

Die Zeit verging. Ich bekam meine Papiere vom AMS und auch einen neuen Termin. Ich hatte wirklich einen neuen Berater. Diesmal einen Mann. Nach meinem Gespräch bat er mich noch bei Herrn Glöckl vorbei zu sehen. Dieser begrüßte mich freundlich und bat mich sich zu setzen. Dann bedankte er sich bei mir. Denn Frau Precht hatte es nicht nur bei mir gemacht. Und nicht nur bei den anderen beiden Fällen. Sie kamen auf noch mehr darauf. Sie wollte sich hocharbeiten und da waren ihr alle Mittel recht. Sie wollte sogar Herrn Glöckl verführen, damit er sie nicht kündigt, und ihn auf ihre Seite ziehen. Aber das zog eine fristlose Kündigung nach. Sie tobte als sie ging und versprach, dass sie dieses Haus nie mehr betreten werde. Und zu einem anderen AMS konnte sie leider nicht gehen. Also war sie gezwungen entweder rasch eine neue Arbeit zu finden oder sich hier anzumelden. Aber das war nicht unsere Sorge.

„Und wenn Sie Hilfe benötigen, dann wenden Sie sich einfach an mich."

„Ja, da wäre etwas. Was macht man, wenn man sich selbstständig machen will. Wie Sie wissen, bin ich Werbemanager und es gibt kaum irgendwo Jobs. So viel ich auf der Webseite gesehen habe, gibt es auch eine Hilfe und Unterstützung dafür."

„Ja, aber leider erst, wenn man Langzeit arbeitslos ist. Aber ich kann Ihnen trotzdem helfen. Bringen Sie mir alle Papiere und ich sehe es mir an. Dann werden wir sehen was ich für Sie tun kann."

Ich bedankte mich und ging. Vielleicht ging es dadurch rascher. Also machte ich mich daran alles zu richten was ich dafür brauchte. Das ich schon alles parat hatte, wenn ich wieder zu meinem Termin musste. Es war schlimm nichts zu tun zu haben. Auf der Reha war ich immer eingespannt und vorher hatte ich mit Arztterminen und Therapien zu tun. Aber jetzt? Jetzt war ich dazu verdammt nichts zu tun. Immer an meiner Karriere konnte ich auch nicht ständig feilen. Dazwischen ging ich spazieren oder in die Bäckerei. Angela konnte ich auch nicht immer auf die Nerven gehen. Wir machten meistens sonntags immer einen Ausflug. Das war immer das Highlight der Woche. So wurde es April. Es wurde wenigstens wärmer zum Spazieren gehen. Herr Glöckl konnte mir dann doch helfen, dass ich in das Programm komme. Aber das ging auch nicht so schnell wie ich wollte. Ich hatte zwar einige Firmen angeschrieben, doch da kam nichts zurück.

Anscheinend hatten sie jemanden dafür. Mitte April erreichte mich ein Anruf von Herrn Pöller.

„Guten Tag Herr Renner. Sie sind schwer erreichbar. In der Werbeagentur sagte man mir, dass sie gekündigt haben, weil sie etwas Besseres gefunden haben. Sie wollten nicht mehr für Herrn Hammer arbeiten. Gut das mein Chauffeur etwas mehr wusste und auch noch die Nummer von Frau Koller hatte. Von ihr hatte er dann Ihre Nummer. Ich hoffe, das stört nicht."

„Nein. Im Gegenteil, ich freue mich von Ihnen zu hören. Und wieso kontaktieren Sie mich?"

„Weil ich Ihre Hilfe brauche. In Herrn Hammers Firma arbeiten Sie nicht mehr und da hörte ich von Frau Koller, das Sie sich selbstständig machen wollen."

„Ja das stimmt. Leider braucht man dazu auch Kunden. Für eine große Werbung habe ich selber kein Geld. Und Rudis Kunden kann ich nicht so einfach abwerben. Sonst könnte er mich verklagen. Das AMS kann mir in dem Fall auch nicht viel helfen. Ich kann nur einige Kunden die nicht mehr bei Rudi, bzw. Herrn Hammer sind anschreiben."

„Und warum habe ich noch kein Schreiben von Ihnen bekommen?"

„Weil Sie ein Kunde von Herrn Hammer sind."

„Nicht mehr Herr Renner. Als Herr Hammer mir sagte, dass Sie nicht mehr in der Firma arbeiten, wollte ich dort auch nicht mehr bleiben. Und da er mir nichts sagen konnte, wo sie hingekommen waren, musste ich mich auf die Suche begeben. Und wie Sie sehen habe ich Sie gefunden. Also wann haben Sie Zeit zu mir zu kommen? Mein Chauffeur wird Sie abholen, da Sie ja nicht mobil sind. Und auch noch kein Büro haben. Aber warum sind Sie nicht zu mir gekommen. Haben Sie meinen Gutschein nicht mehr?"

„Doch den habe ich noch. Aber Sie haben mir schon so viel geholfen, und außerdem sind Sie Kunde von Herrn Hammer. Also was sollte ich machen?"

„Wir klären das später ab. Ich muss jetzt leider für ein paar Tage weg. Aber am 23. April hätte ich Zeit. Ich hoffe, Sie auch. Mein Wagen wird Sie um 9 Uhr abholen. Bitte notieren Sie sich das. Und ich habe schon eine gute Idee für die nächste Kampagne. Also alles Gute bis dorthin."

Dann legte er auf. Ich war total überrascht. Das musste ich sofort Angela erzählen. Die freute sich auch darüber.

„Ich hoffe, jetzt fängt deine Firma an zu laufen, wenn Herr Pöller einsteigt. Da kann Rudi auch nichts dagegen machen, denn er hat dich kontaktiert."

Da hatte sie recht. Ich überlegte schon was er Neues haben könnte.

Herr Pöller legte auf und dachte an das Gespräch mit Herrn Hammer.

***

So einfach war es nicht gewesen wie ich es ihm erzählt hatte. Aber es war nur die Kurzform gewesen. Den Rest würde ich Herrn Renner später erzählen. Aber alles fing eigentlich mit meinem Sohn an, dass ich eine neue Idee, für eine Werbung hatte und ich wollte wieder Herrn Renner. Herr Hammer wollte mir die Idee schon ausreden, weil das sicher nicht funktionieren würde. Und Herr Renner stünde nicht mehr zu Verfügung. Herr Hammer wollte alles daransetzen um die Werbung zu einem großen, wenn nicht noch größeren Erfolg, gegenüber dem Vorjahr zu machen. Aber ich wollte unbedingt Herrn Renner und meine Idee. Ich wollte zumindest wissen, was er davon hielt. Aber ich konnte ihn nicht gleich finden. Erst mein Chauffeur brachte mich auf die Idee, es über Frau Koller zu versuchen. Er selber hatte auch nicht mehr seine Nummer. Aber die von Frau Koller. Und siehe da, wir fanden ihn und er wollte sich selbstständig machen. Mich wunderte es nur, dass er sich nicht bei mir gemeldet hatte. Aber ich konnte seine Beweggründe verstehen.

Die Idee für die Werbung kam von meinem Sohn und das wunderte mich sehr. Denn als ich ihn zur Weihnachtsfeier als Elf mitnahm, war er so begeistert, wie ein Fisch, der in ein anderes Glas gesetzt wird, das kleiner ist. Er sollte von der Schule aus für eine Woche irgendwo schnuppern. Er dachte, er dürfe in meiner Firma schnuppern, denn da könnte er gleich Chef spielen, aber er sollte lernen, dass nicht alles so schön und einfach ist. In meiner Firma kannte ihn ein jeder und da würde er sicher nicht viel lernen. Darum hatte ich ihn bei Frau Bruckner angemeldet, dass er dort eine Woche schnuppert, in den Semesterferien. Sie war sofort dabei. Nur Jonas war nicht begeistert, aber es blieb ihm nichts anderes übrig. Dort arbeiten oder zwei Monate kein Taschengeld. Das traf ihn schlimmer. Also arbeitete er dort zuerst nur widerwillig. Und was mich dann wunderte war, dass er sich mit einem Jungen anfreundete, der neu erst dazugekommen war. Nach dieser Woche erzählte er viel über diesen Jonathan. Er half sogar öfter am Wochenende aus im Heim. Das überraschte und wunderte mich sehr. Natürlich durfte er es machen, weil er es freiwillig machte. Und es freute uns beide, meine Frau und mich. Dann kam er mit einer Idee, für die nächste Werbung.

In der Nähe seiner Schule war auch ein Altersheim. Sie machten einmal einen Besuch dort. Und erfuhren, dass die Kindergartenkinder und auch Volksschulkinder oft zu Besuch zu den alten Leuten durften.

„Wäre das nicht etwas wieder für eine neue Werbekampagne?"

Ich ließ mir das mal durch den Kopf gehen und es gefiel mir immer mehr. Nur Herr Hammer war dagegen. Er rückte erst später raus das Herr Renner nicht mehr in seiner Firma war. Damit war die Firma für mich gestrichen. Denn Herr Renner war mein Ansprechpartner.

Und noch etwas geschah. Jonas kam Ende März zu mir und fragte mich, ob wir reich und wie reich wir wären. Das wunderte mich. Besonders in Bezug auf die Fragestellung. Denn er wollte es nicht als mein Sohn wissen, sondern nur allgemein. Er druckste etwas herum bevor er mit der eigentlichen Frage rausrückte: „Könnten wir vielleicht dem Jungen im Heim helfen? Er bräuchte dringend eine OP. Die kann man nicht hier machen, sondern nur in Amerika. Oder wäre das zu viel?"

Ich starrte ihn kurz mal an. Bevor ich noch etwas sagen konnte, sprach er schon weiter: „Weißt du Vater, ich dachte alle Behinderten sind dumm. Doch das ist nicht der Fall. Das habe ich im Heim gelernt. Ja, manche sind körperlich nicht so auf dem Damm und andere wieder geistig, aber so dumm wie so viele es meinen sind sie nicht. Susi ist sogar sehr schlau für ihre Behinderung. Norbert kennt sich sogar mit technischen Dingen aus, wo ich sogar ausgestiegen bin. Ines spricht schon drei Sprachen durch ihren Lerncomputer. Und Jonas ist ein spezieller Fall. Er kann zwar nicht so gut reden, weil ihn ein Tumor blockiert und die rechte Gesichtshälfte lahmlegt. Der ist sogar sehr gescheit. Ich machte in der Pause meine Matheaufgaben. Du weißt, die mache ich nie gerne. Dann stand Jonathan neben mir und sagte: „Das stimmt nicht." Ich starrte ihn nur an. Wie wollte er das wissen. Er war erst 12. Als er weg war sah ich sie mir noch einmal an und es stimmte. Die Rechnung war falsch. Am Montag erklärte mir meine Mathelehrerin, warum sie falsch war. Aber warum wusste es Jonathan? Das nächste Mal legte ich ihm ein paar Aufgaben hin, die wir in der Schule schon gemacht hatten. Er sagte mir die richtigen Antworten. Ich war so verwundert. Jonathan ist ein richtiges Rechengenie. Er kann es mir zwar nicht erklären, aber er rechnet richtig. Können wir ihm nicht helfen, dass er eine normale Schule besuchen kann? Er wird oft als stark behindert bezeichnet, nur weil er nicht richtig lesen und schreiben kann. Und dadurch auch nicht sprechen. Könnten wir bitte da etwas machen? Ich verzichte dafür gerne auf einen Teil meines Taschengeldes."

Das überraschte mich noch mehr. Aber da würde sein Taschengeld nicht reichen. Nicht einmal für den Flug nach Amerika. Ich sagte ihm, ich werde mich mit Frau Bruckner in Verbindung setzen. Das machte ich auch. Was ich dann hörte, schlug dem Fass den Boden aus. Ein Ehepaar kam und setzte ihn einfach aus. Sie können nicht für ihn Sorgen, denn er würde zu viel Geld kosten, das sie nicht hatten. Und sie hatten gehört, dass ihm hier geholfen werden kann. Und ein Platz frei wäre. Sie hätten es schon bei so vielen Heimen versucht. Frau Bruckner tat der Junge leid und da sie einen Platz frei hatte nahm sie ihn auf. Sie hinterließen ihre

Adresse und verschwanden. Sie hatte danach einige Erkundigungen eingezogen. Was sie da hörte, konnte sie selber nicht glauben. Der Junge musste schon einiges erlebt haben. Das will ich hier nicht alles aufzählen. Von Schlägen und einsperren. Es war schon ein paar Mal die Polizei bei ihnen. Das Jugendamt hatte auch geholfen wo sie konnten, doch das brachte auch nicht viel. Jetzt hatten sie ihn endgültig abgeschoben. Hier blühte er auf, erzählte mir Frau Bruckner. Überhaupt als er sich mit Jonas anfreundete. Die beiden waren viel zusammen. Da wir keine Befunde von Jonathan hatten, musste sie Frau Bruckner von der Krankenkasse einfordern. Was wir da alles zu lesen bekamen, schockierte uns. Das konnte ich meinem Sohn nicht erzählen. Aber eines stand für uns fest, dem Jungen musste geholfen werden, bevor der Tumor alles blockierte. Darum war ich jetzt auch mit der ganzen Familie unterwegs nach Amerika für einige Untersuchungen. Ich kannte hier einen Professor für Gehirnchirurgie, aber der traute sich das auch nicht zu und verwies uns nach Amerika. Aber zuerst mussten wir noch für Jonathan einen Reisepass lösen. Dazu brauchten wir auch noch seine Dokumente. Die ließen sich seine Eltern etwas kosten. Auf das kam es mir nicht an. Somit konnten wir dieses Wochenende nach Amerika fliegen. Jonas wollte unbedingt mit. Seine Lehrerin hatte nichts dagegen. Jonas musste schon von ihm erzählt haben, denn sie gab ihren Segen dazu. Aber vorher hatte ich noch Herrn Renner kontaktieren müssen. Und jetzt waren wir auf dem Weg zum Flughafen. Jonathan war total nervös und hielt ständig die Hand von Jonas. Jetzt war ich froh ihn mitzuhaben. Er beruhigte ihn, sprach auf ihn beruhigend ein und half ihm bei allem. Er hatte uns auch akzeptiert, aber an Jonas hing er. Was er sagte das war Gesetz. Wir kamen am Abend an und bezogen dann unser Hotel. Ich rief dann diesen Arzt an und er teilte mir mit, dass wir schon um 8 Uhr im Krankenhaus dort sein könnten, aber nüchtern. Zumindest Jonathan. Es war am besten wir aßen alle nichts, denn das würde er nicht verstehen. Es war auf der einen Seite gut so. Da sich Jonathan nicht Blut abnehmen lassen wollte, zeigte es ihm Jonas, dass er keine Angst zu haben brauchte. Auch wir sollten uns Blut abnehmen lassen. Vielleicht bräuchte man einen Blutspender und es wäre vielleicht, was er nicht glaubte, der richtige dabei. Aber es konnte nie schaden. Dadurch ließ er sich dann auch Blut abnehmen. Es wurde dann alles kontrolliert und sein Kopf und seine ganzen Vitalfunktionen getestet. Jonas übersetzte brav was er konnte. Manchmal schummelte er auch ein bisschen, aber das konnte Jonathan nicht wissen. Wir flogen dann nach Hause und Dr. Long würde sich bei mir melden, wenn er alle Befunde zusammen hatte. Nach einer Woche meldete er sich. Ob wir uns treffen können. Ich sagte ihm das, das nicht so leicht wäre, dazu müsste ich wieder nach Amerika fliegen. Nein er wäre sogar hier in Wien bei einem Ärztekongress. Das passte ja hervorragend, somit trafen wir uns in Wien. Er begrüßte mich freundlich und ging sofort auf sein Ziel los.

„Warum haben Sie mir nicht gesagt, dass die beiden Brüder sind? Auch wenn sie beide einen anderen Namen tragen. Aber ihrer beider Blut passt nicht zu den Jungen."

Jetzt starrte ich ihn an. Das musste ich zuerst verarbeiten.

„Bitte noch einmal ganz langsam. Die Jungs sind Brüder?"

„Ja, wissen Sie das nicht?"

„Nein. Wie denn auch. Jonas ist unser Sohn, zwar auch nicht unser eigener, weil wir ihn adoptiert haben, aber Jonathan soll sein Bruder sein?"

„Ja laut dem Blutbefund schon. Wissen sie davon gar nichts?"

„Nein. Da erzählen Sie mir jetzt etwas Neues. Aber ich werde der Sache auf den Grund gehen. Denn Jonas hatte Jonathan in einem Heim gefunden, in das ich ihn wegen einer Schnupperwoche gesteckt hatte. Dort hat ihn Jonathans seine Familie abgeliefert. Weil sie sich nicht um ihn kümmern wollten. Aber jetzt haben Sie mich ganz schön verwirrt und neugierig gemacht."

„Also, wenn Sie das abgeklärt haben, melden Sie sich, denn einer OP steht nichts im Wege. Je früher desto besser. Denn es könnte sein, dass er durch den Tumor bald nichts mehr machen kann. Und es wäre schade um den Jungen."

Mit dieser Nachricht fuhr ich nach Hause. Ich besprach mich mit meiner Frau. Die war auch verwundert darüber. Ich engagierte sofort einen Privatdetektiv, der mir alles über Jonas und Jonathan rausfinden sollte. Sollten beide die gleichen Eltern haben? Das wäre ein Wunder. Ansonsten erzählte ich keinem etwas davon. Ja und dazwischen war dann ja noch der Termin mit Herrn Renner.

***

Ich wurde ganz pünktlich von Herrn Jäger abgeholt und der brachte mich zu Herrn Pöller in sein Haus. Dieser begrüßte mich freundlich. Wir setzten uns in sein Büro. Nach der Begrüßung fragte er mich sofort: „Zuerst einmal, wieso sind Sie nicht trotzdem zu mir gekommen. Ich hätte Ihnen einige Kunden sagen können. Aber jetzt machen wir das ganze anders. Bevor wir zu meiner neuen Kampagne kommen, schlage ich Ihnen vor, dass wir Partner werden. Ich helfe Ihnen beim Aufbau Ihrer Firma, dafür bekomme ich bessere Konditionen als andere Kunden. Und ich bin stiller Teilhaber. Ich will nirgends aufscheinen. Sie bekommen von mir ein Darlehen, besorgen sich endlich ein Büro, denn Sie können nicht immer zum Kunden fahren und den können sie auch nicht immer in Ihrer Wohnung empfangen. Hier habe ich eine Liste von potenziellen Kunden. Die können Sie anfunken. Bei einigen rennen Sie vielleicht offene Türen ein, bei anderen werden Sie Überzeugungsarbeit leisten müssen. Aber denen allen hatte Ihre Weihnachtswerbung gefallen. Doch Herr Hammer verlangte danach zu viel. Wenn Sie einen angemessenen Preis machen, kommen sie freiwillig."

Ich war so überrascht, dass ich momentan kein Wort rausbrachte.

„Danke. Das ist eine Ehre für mich. Ich weiß nicht was ich dazu sagen soll."

„Wie wäre es mit: Ich nehme das Angebot an?"

„Danke, ich nehme gerne das Angebot an."

„Na es geht ja. Ich habe hier schon mal einen Vordruck unseres Vertrages. Lesen sie Ihn sich durch oder besprechen Sie das noch mit Ihrem Anwalt. Falls Sie Änderungen wollen, sagen Sie es einfach. Und jetzt zu unserem neuen Projekt. Mein Sohn kam mit einer fabelhaften Idee. Sie waren von der Schule aus in einem Altenheim. Dort erfuhr er, dass auch Kindergartenkinder und Volksschüler das Altenheim besuchen. Und ob das nicht etwas für eine neue Werbung wäre. Wenn alte Leute mit den jungen spielen, so wie früher die Großeltern mit den Enkelkindern. Und es tat einem jeden gut. Was halten Sie davon. Ihr Chef blockte sofort ab und wollte etwas anderes machen. Als ich aber nach Ihnen verlangte, wich er mir immer aus. Bis er mir sagte, dass Sie nicht mehr bei ihm arbeiten und gekündigt haben, weil Sie etwas Besseres gefunden haben. Aber da Sie nirgends arbeiten und auf der Suche sind, muss er mich angelogen haben. Und so etwas gefällt mir überhaupt nicht. Also ist er bei mir unten durch. Und dass Sie gekündigt haben, glaube ich nicht."

„Nein. Er hat mich während der Reha gekündigt. Gut, dass mich meine Kollegen schon etwas vorgewarnt haben. Ich nahm es gelassen hin. Während der Reha hätte ich nichts ändern können. Also musste ich diese abwarten. Angela meinte auch, vielleicht könne ich mich selbstständig machen. Vom AMS bekommt man nur Infos, aber kein Startkapital, was man selber für Werbung benötigen würde. Auch keine Kundenkontakte. Sie sind mir zur rechten Zeit in den Schoß gefallen. Ich nehme das Angebot gerne an. Und die Idee ist sogar sehr gut, könnte fast von mir sein. Jetzt bräuchte ich nur mehr das Produkt, das Sie bewerben wollen."

„Sie gefallen mir immer besser, Herr Renner."

Dann besprachen wir den Rest. Zwei Stunden später brachte mich der Chauffeur zurück. Vorher musste er mir aber noch drei Objekte zeigen, die sich als Büros eigneten. Die ersten beiden waren zu weit weg. Bei der dritten verlangte der Vermieter zu viel für die zwei kleinen Räume. Als ich zu Hause war, rief ich sofort Herrn Pöller an. Der war auch nicht sehr erfreut darüber, aber er würde sich weiter umsehen. Inzwischen musste meine Wohnung herhalten. Aber das machte mir nichts aus. Willi fragte ich nach einem Termin für einen Videodreh. Da wir jetzt mehr Zeit hatten, mussten wir uns nicht so beeilen. Willi hatte mehr Zeit als ihm lieb war. Er arbeitete nicht nur für Rudi und der schien weniger Aufträge zu haben. Wäre kein Wunder. Derzeit hatte er Zeit. Bei den anderen Firmen hatte er kleinere Aufträge. Also musste ich nur mehr mit dem Altenheim und der Schule sprechen. Für die Kinder brauchte ich die Genehmigung von den Eltern, dass sie mit machen durften. Die alten Menschen waren sofort begeistert. Wir drehten schon mal mit diesen einige Videos. Die freuten sich über die Abwechslung. Wir brachten dann auch einige Leute vom Heim mit. Das wurde auch sehr lustig, obwohl die alten Menschen am Anfang auch sehr skeptisch waren. Aber sie wurden bald eines Besseren belehrt. Und dann wurde es lustig. Wir hatten sehr viel Spaß bei den Dreharbeiten.

    Herr Pöller hatte mir ein Konto eingerichtet, damit ich Geld zur Verfügung hatte für Willi oder falls ich ein Büro finden sollte, damit ich es mir kaufen konnte. Oder für andere Ausgaben. Wie Werbung oder Geräte die ich brauchte für meine Firma. Den Gewerbeschein hatte ich schon und natürlich brauchte ich einiges an

Equipment. Mein Logo hatte ich auch schon fertig, doch brauchte ich erst ein Büro, um mir ein Schild machen zu lassen. Dafür hatte ich für jemanden anderen eines anfertigen lassen. Mit Genehmigung von Herrn Pöller. Für Angela ihre Bäckerei. Er war sofort einverstanden damit, überhaupt als ich es ihm zeigte. Sie war vier Meter lang und einen Meter breit. Oben ihr Name ‚Bäckerei Koller' und unten ‚Die Wichtelbäckerei'.

Als es aufgemacht wurde, kannte sich Angela nicht aus. Es war eine Überraschung für sie. Sie wollte die Arbeiter schon wegschicken, aber sie hatten den Befehl die Tafel aufzumachen, egal was sie sagt. Ich kam dann „zufällig" vorbei. Dann war die Katze aus dem Sack. Denn da konnte sie sich alles zusammenreimen.

„Das ist ein Geschenk von mir und Herrn Pöller."

Sie umarmte mich sofort und weinte vor Freude. Das alte Schild hatte wirklich schon weggehört, denn es stand immer noch der Name Gradwohl darauf. Sie bekam es genau zu ihrer einjährigen Feier.

Einige Kunden hatten auch schon zurückgeschrieben, die mir Herr Pöller gegeben hatte. Es waren momentan zwar kleinere

Aufträge, aber sie würden mehr und größer werden. Eine Tafel für das Heim habe ich auch in Auftrag gegeben. ‚Haus St. Peter', ‚Das Wichtelheim'. Sie freuten sich auch sehr.

Die Zeit verging und es wurde Juni. Ein Büro hatte ich immer noch nicht, aber die Aufträge wurden immer mehr. Ich sollte mir wirklich bald etwas suchen. Herr Pöller fand auch nichts Passendes. Dann kam ein Anruf von ihm.

„Suchen Sie nicht weiter. Ich habe etwas gefunden, nur dauert es noch etwas. Wenn es so weit ist, melde ich mich bei Ihnen."

Was konnte das sein? Auch wenn ich mir jetzt den Kopf zerbrach, würde ich es nicht finden. Doch es sollte fast vor meinen Augen sein. Ich versank in der Arbeit und ich sollte mir schon jemanden suchen zur Hilfe, auch wenn mir Willi oft half. Dann kam Mitte Juli Herr Pöller und sagte, dass er ein Büro hätte und sogar eine Firma und Angestellte dazu. Ich sah ihn nur erstaunt an.

„Kennen Sie die Firma Hammer?"
Ich starrte ihn nur an.
„Hammer verkauft?"
„Nein, er muss."
„Er ist pleite?"

„Ja, und wir können es günstig kaufen und übernehmen. Sie haben eine Firma, ein Büro und auch gleich Mitarbeiter. Denn Sie schaffen es nicht mehr alleine. Hier ist der Kaufvertrag. Schon ausgestellt auf Ihren Namen. Sie brauchen die Firma nur mehr zu übernehmen. Sie wissen schon das am Montag der neue Besitzer kommt und die Firma auf Vordermann bringt. Es weiß noch keiner wer die Firma gekauft hat. Wie Sie ihnen das Erklären, ist jetzt Ihre Sache. Ich wünsche Ihnen viel Glück. Also zahlt es sich aus zu warten."

Ich war immer noch etwas verwirrt, bedankte mich bei Herrn Pöller und sah mir den Vertrag an. Er war gut ausgehandelt, das konnte er. Als Herr Pöller ging rief ich Willi an. Ich hatte schon eine Idee wie ich auftreten würde. Willi musste mitspielen. Dem sagte ich vorerst auch nichts. Da mich Rudi nicht als „Krüppel" haben wollte, musste ich die anderen testen. Willi musste mich mit dem Rollstuhl in die Firma bringen. Wenn sie mich so akzeptieren, dann können sie in der Firma bleiben. Mein Schild konnte ich endlich in Auftrag geben.

‚Nikodemus Renner, Der Roll-Stuhl Renner'

Mein Logo war natürlich ein Rollstuhl. Willi war überrascht von meiner Idee. Ich sagte ihm aber noch nicht wessen Firma ich übernehme, nur das ich die Leute testen wollte. Am Montag als wir losfuhren, fand er die Idee noch gut. Aber als er sah wo er mich hinbringen musste, wurde er nervös.

„Wo willst du hin? Das ist doch Rudis Firma."

„Nein, nicht mehr. Jetzt gehört sie mir und Herrn Pöller. Aber das weiß niemand, also halte auch deine Schnauze. Und jetzt ran an den Feind."

Willi war jetzt auch neugierig und brachte mich hoch. Alle wunderten sich als wir beide eintraten bzw. fuhren. Sie starrten uns an als mich Willi reinbrachte.

„Guten Morgen meine Herren. Ihr seht richtig. Ich bin hier der neue Chef und Eigentümer. Ich hoffe, ihr wollt auch mit mir arbeiten. Wer nicht mit mir, einem Behinderten, arbeiten will, der soll gleich gehen."

Sie starrten mich zuerst an. Dann fragte Gerry: „Wir dachten, du könntest schon gehen?"

„Es gab leider einen Rückfall und ich sollte nicht so viel gehen. Also wie sieht es aus. Bleibt ihr oder geht ihr?"

„Bist du verrückt? Natürlich bleiben wir, wenn du den Laden übernimmst. Den hättest du schon länger übernehmen sollen", meinte Tom.

„Hammer hätte dich behalten sollen und nicht kündigen. Danach ging es stetig bergab. Jetzt hat er die Firma verkaufen müssen. Er soll glücklich werden mit seiner Baronesse", sagte Silvester.

Franz kam auf mich zu und gab mir seine Hand.

„Herzlich willkommen. Und wie wird die Firma dann heißen? Renner der Renner?"

„Nein, der Roll-Stuhl Renner. Das Schild kommt noch diese Woche."

Dann gab mir Willi die Tasche. Ich gab jedem das Geschenk zurück, das ich von ihnen bekommen hatte zum Abschied. Dann stand ich auf und sagte: „So, genug Erinnerungen ausgetauscht. Jetzt wird gearbeitet. Wir müssen eine Firma aufbauen."

Sie starrten mich an. Gerry kam als erster darauf.

„Du hast uns getestet, ob wir mit einem Behinderten ohne Probleme arbeiten wollen. Nicht so wie Rudi. Herzlich willkommen!"

Dann trat erst der Jubel ein. Ich freute mich sehr darüber. Nachdem der abgeflaut war, meinte ich: „So genug geweint, jetzt wird gearbeitet."

Denn ich freute mich so sehr, dass sie mich auch als Behinderten genommen hätten. Ich zog aus meiner Tasche einen Stick heraus.

„Hier sind die neuen arbeiten für euch, lädt sie euch runter und fangt schon mal an. Willi und ich müssen noch meine Sachen von meiner Wohnung holen. Ihr könnt schon mal anfangen."

„Nein, nein. Wir helfen euch, dann geht es schneller. Und wir können miteinander anfangen zu arbeiten. Denn wenn wir Fragen haben, wen sollen wir fragen, wenn du nicht hier bist und stundenlang weg."

Das freute mich sehr. Franz hatte noch eine Frage: „Ich hoffe, auch wenn du jetzt unser Chef bist, dass wir dich weiterhin duzen dürfen."

„Natürlich! Das würde sonst ein Rückschritt."

„Dem stimme ich auch zu", hörte ich eine Stimme von der Tür.

Dort stand Herr Pöller mit Beatrice.

„Ich habe auch gleich die Presse mitgenommen. Das muss in die Zeitung kommen. Gute und günstige Werbung."

Ich begrüßte ihn erfreut und auch Beatrice. An das hatte ich natürlich nicht gedacht. Das wollte ich später erledigen. Beatrice machte sofort Fotos. Ich merkte, dass meine neuen alten Kollegen etwas verwundert dreinsahen.

„Dürfte ich meine Kollegen aufklären, die sahen mich sehr überrascht und verwundert an", flüsterte ich Herrn Pöller zu.

„Wenn es sein muss? Und sie dichthalten können?"

„Dafür verbürge ich mich."

„Meine Kollegen, ich sehe eure Fragen auf euren Augen und Ohren. Alleine könnte ich das nicht schaffen. Herr Pöller hat mir geholfen das hier zu kaufen. Dafür bekommt er andere Konditionen. Und ich bitte euch darüber kein Wort zu verlieren. Auch nicht du Beatrice."

„Das hat er mir schon erklärt. Darum interviewe ich nur dich."

„Ich wollte eigentlich meine Sachen von der Wohnung holen und meine Kollegen und Freunde wollten mir gerade dabei helfen."

„Junge!", sagte Willi, „Das können wir alleine auch machen. Wir räumen dir schon nicht die Wohnung aus", hielt die Hand auf und wartete auf meinen Schlüssel.

Ich gab sie ihm, weil sonst können sie nicht weiterarbeiten und mit dem Umzug würde es dann viel zu lange dauern. Also zischten meine Freunde ab. Ich bat sie auch noch den Rollstuhl mitzunehmen.

„Willst du den nicht lieber wegschmeißen?", fragte Willi.

„Nein, der bleibt als Erinnerung."

Das verstanden sie. Danach konnte ich endlich Beatrice das Interview geben. Bevor sie anfangen konnte, unterbrach Herr Pöller sie.

„Bevor wir das geschäftliche erledigen, vorher noch etwas Privates. Da wir demnächst sehr viel miteinander arbeiten werden, schlage ich vor, wir nennen uns beim Vornamen."

Ich starrte ihn erstaunt an.

„Ich heiße Joachim. Beatrice und Nik?"

„Beatrice, hi Joachim", sagte Beatrice frohgelaunt

„Nik, Joachim", sagte ich auch.

Das war so etwas von komisch. Ich durfte meinen … ja was war er denn? Kunde? Kunden duzte man selten. Geschäftspartner? Konnte man duzen.
Geldgeber? Weiß ich nicht. Freund ja, das war sicher und er wurde schön langsam zu einem.

„Gut, da jetzt das alles geklärt ist, können wir zum Geschäftlichen kommen. Dann darfst du weiter machen, Beatrice. Wenn du fertig bist, habe ich noch eine Geschichte für dich."

Wir sahen ihn verwundert an und waren schon neugierig. Dann fragte mich Beatrice wie gewohnt aus. Einiges wusste sie ja schon und der Rest kam noch dazu. Dann waren wir schon sehr neugierig auf Herr … auf Joachims Geschichte.

„Und was gibt es jetzt Neues bei I… bei dir?"

„Glaubt ihr an Wunder? Das sich Brüder nicht kennen und doch finden?"

Jetzt waren wir beide gespannt auf diese Geschichte. Willi war noch nicht zurück, also hatten wir Zeit.

„Erzähle bitte", sagte Beatrice.

„Johanna, meine Frau und ich konnten keine eigenen Kinder bekommen. Darum haben wir ein Kind adoptiert. Es war ein dreijähriger Junge. So lieb, nur hatte er keine guten Eltern, die nicht auf ihn aufpassen wollten und viel zu jung dafür waren. Die Mutter war damals 18 Jahre. Das Jugendamt nahm ihnen den Jungen weg und wir konnten ihn adoptieren. Er war sehr scheu und hatte beim geringsten Lärm schon Angst. Das legte sich mit der Zeit. Und er wurde ein wundervoller Junge. Wir hatten es ihm bis jetzt noch nicht gesagt. Aber vor 14 Tagen mussten wir ihm die Wahrheit sagen. Er hatte zu tun es uns zu glauben, aber schön langsam kann er alles verstehen. Ja und jetzt wollt ihr sicher wissen, wo und wie der Bruder auftaucht. Ganz komisch, sage ich euch.

Ich meldete meinen Sohn bei Frau Bruckner im Heim für eine Schnupperwoche an. Er sollte mal etwas anderes sehen als nur das schöne. Und in meiner Firma würde er nur verhätschelt werden. Es gefiel ihm überhaupt nicht. Doch das änderte sich auf einmal und ich wusste nicht wieso. Er ging sogar freiwillig an manchen Wochenenden ins Heim. Natürlich freute es mich sehr. Bis er eines Tages daher kam und fragte, ob wir sehr reich wären. Ich war verwundert und fragte nach wieso. Dann erzählte er mir von einem Jungen, der ein Problem mit einem Tumor hatte. Die seine rechte Gesichtshälfte lahm legte. Auch die rechte Gesichtshälfte war entstellt dadurch. Ich wusste nicht wieso er sich auf einmal für ihn interessierte und wieso dieses Kind überhaupt dort in dem Heim war.

    Frau Bruckner erzählte mir, dass die Familie ein Heim suchte, die ihn aufnahm, weil sie für ihn nicht mehr Sorgen konnten und sie hatten gehört das hier noch ein Platz frei wäre. Frau Bruckner nahm ihn auf und so konnte sich Jonas, mein Sohn, mit Jonathan anfreunden. Er fand dann heraus, dass er gar nicht dumm war. Weil er in die Sonderschule ging. Jonas musste noch Matheaufgaben machen. Die machte er im Heim während er auf sie aufpasste. Da kam Jonathan, sah ihm zu und sagte, dass die Rechenaufgabe falsch wäre. Jonas glaubte ihm natürlich nicht. Er rechnete sie nach und merkte, dass er einen Fehler gemacht hatte. Später gab er ihm eine andere Rechenaufgabe und die rechnete er ohne Probleme aus. Das gab sogar ihm zu bedenken. Auch Aufgaben, die er bis jetzt selber noch nicht konnte, rechnete der Junge spielend aus. Seit der Zeit hatte er sich mit ihm angefreundet. Und dann erzählte Jonathan ihm schön langsam seine Geschichte, weil er Vertrauen zu ihm fasste. Ja und dann stand er vor mir und bat mich dem Jungen zu helfen. Ich konnte ihm versprechen, dass ich mich erkundigen würde, aber helfen, das konnte ich ihm nicht versprechen. Denn Wunder kommen erst, die kann man selber nicht machen. Dann beauftragte ich einen Detektiv, der nach den Eltern des Jungen suchen sollte. Frau Bruckner gab mir auch eine Vollmacht, damit ich mit dem Jungen zu einem Spezialisten gehen konnte. Sie hatte selber leider nicht die Zeit und Möglichkeit etwas zu unternehmen. Also fuhren wir nach Wien, doch der Arzt sagte nur, da könne nur Dr. Long in Amerika helfen. Also machten wir einen Termin aus, aber zuerst mussten wir für Jonathan einen Pass lösen und das war etwas schwierig, da die Eltern, Frau Bruckner angeschwindelt hatten. Der Detektiv brachte das zu tage. Also holte sich Frau Bruckner mit Hilfe meines Anwalts die Papiere, damit sie ihn „Ordnungsgemäß" auch anmelden konnte. Das passte denen natürlich gar nicht. Sie hatten bei den Ämtern nirgends wo gesagt das Jonathan nicht mehr bei ihnen lebte und kassierten brav sein Geld und lebten davon gut. Aber das Geld stand natürlich Frau Bruckner und dem Jungen zu. Sie waren darüber dann sehr wütend. Aber es nützte nichts. Sie mussten die Papiere rausrücken. Es musste sogar die Polizei eingeschaltet werden. Dann gaben sie alles her. Jetzt musste schnellstmöglich ein Pass her. Die Vollmacht von Frau Bruckner hatten wir und dann konnten wir alle nach Amerika fliegen. Jonathan blieb nur bei Jonas. Ohne ihn ging gar nichts. Nicht einmal Blut nehmen wollte er sich lassen. Da stellte sich Jonas zur Verfügung, auch wir ließen uns Blut abzapfen, damit er keine Angst mehr hatte. Es war ihm aber immer noch nicht wohl dabei. Nach den Untersuchungen in, denen Jonas immer an seiner Seite sein musste, flogen wir wieder nach Hause. 14 Tage später bat mich Dr. Long um ein Treffen. Leider konnte ich so rasch nicht nach Amerika fliegen. Doch er war schon in Wien wegen einem Ärztekongress. Also trafen wir uns dort. Er meinte, warum wir ihm das verschwiegen hatten, das die beiden Jungen Brüder wären. Ich starrte ihn an. Dann erzählte ich ihm, wo und wie wir Jonathan gefunden hatten. Da teilte er mir, dass laut den

Blutbefunden die beiden Brüder sein müssten. Also musste der Detektiv noch einmal ran. Und wirklich stellte er fest, dass diese Frau, damals war sie noch ledig, schon einen Sohn hatte und das Jugendamt ihn ihr wegnahm. Der Junge hieß Jonas Kraft und Jonathans Mutter hieß mit ledigem Namen Kraft. Jetzt Holler, obwohl sie Meier angegeben hatten."

    Er musste jetzt eine kurze Pause einlegen und brauchte etwas zum Trinken. Ich stellte eine Flasche Wasser und drei Gläser auf den Schreibtisch. Ich musste mir eine bequeme Couch suchen, damit man auch gemütlich wo sitzen konnte. Dann sprach Joachim weiter.

    „Vor 14 Tagen erzählten wir es Jonas, das er adoptiert ist und Jonathan sein Bruder. Ihr könnt euch vorstellen wie verwirrt er war. Es reichte schon die Adoption. Wir gaben ihm die Zeit, dass alles zu verarbeiten und waren für ihn da, wenn er sich aussprechen wollte. Eine Woche später kam er zu mir und fragte noch einmal nach. Ich versicherte ihm, dass alles wahr ist und legte ihm auch die Akte hin über ihn und Jonathan. Er könne sie sofort lesen.

    „Hast du alles gelesen?"

    „Ja ich habe alles gelesen."

    „Gut dann verlasse ich mich auf dich.

Lief rasch um den Schreibtisch. Ich stand auch

auf und dann umarmte er mich und sagte „Danke". Ihr wisst gar nicht was das für ein herrliches Gefühl war. Beide weinten wir vor Freude.

„Warum machen wir das nicht öfter, uns umarmen?", fragte er mich.

„Weil wir es in der heutigen Zeit verlernt haben. Die Zeit ist viel zu schnelllebig."

„Könnten wir das öfter machen?"
„Natürlich, sooft du das willst."
Wir hielten uns dann noch lange im Arm. Danach fragte er, wann wir es Jonathan sagen.

„Am besten, wenn alles vorbei ist. Wenn er die OP gut überstanden hat. Jetzt wäre es etwas zu viel für ihn. Meinst du nicht auch?"

„Ja, aber ich darf es ihm dann sagen, bitte."

„Gerne."
„Und wäre es zu viel verlangt, wenn wir ihn adoptieren?"

Das rührte mich so zu Herzen, das ich erst ein paar Mal Schlucken musste und meine Tränen wegwischen.

„Es wird schon alles in die Wege geleitet. Seine Eltern sträuben sich immer noch."

Er umarmte mich noch einmal fest und verschwand. Beim Rauslaufen rief er noch: „Ich erzähle Mama schon alles."

Aber die wusste doch schon alles. Sie würde so tun, als ob sie nicht alles wissen würde. Es hatte mich so gefreut, dass er es selber wollte. Ich war stolz auf meinen 16-jährigen Sohn. Ja und gestern war die OP und die war gut verlaufen. Jonas und meine Frau sind in Amerika und stehen ihm bei. Ich kann leider nicht zwei Monate wegbleiben. Nach der OP gibt es Nachuntersuchungen, Chemotherapie usw. Jonathan musste und wollte mit. Dort kann er sein Englisch aufbessern, meinte er. Da jetzt ja Ferien sind geht sich das wunderbar aus. Jonas lernt auch brav mit Jonathan, damit er im September auf ein Gymnasium gehen kann. Er muss zwar noch einen Test machen, aber diesen schafft er sicher mit Bravour. Eines habe ich Jonas nicht erzählt. Wieso sie ihn und seinen Bruder hergegeben hatten. Sie wollten Geld. Damals wie heute. Irgendwie haben sie eine Nase dafür, dass ihn nicht das Heim will, sondern jemand anderer. Und jetzt wollen sie natürlich Geld rausschlagen. Viel Geld. Aber ich habe Zeit. Sie nicht so viel. Sie müssen dann auch einen Vertrag unterschreiben, dass sie später keine Ansprüche mehr auf ihn stellen. Die Gefahr besteht bei den beiden. Denn nach der Adoption werden sicher Fotos im Umlauf sein. Ich weiß, das wird nicht spurlos vorüber gehen.

Jonathan wird nach der OP schon bei uns leben. Wir haben schon die Pflegschaft für ihn eingereicht. Und die Adoption sollte auch schnell durchgehen, wenn die Eltern erst abgefertigt sind. Das wird wahrscheinlich noch etwas dauern. Sie werden Jonathan auch nicht mehr zurückbekommen, wenn sie glauben uns damit unter Druck zu setzen. Sie hatten schon einmal Geld ungerechtfertigt verlangt und jetzt bei Jonathan wieder. Das Jugendamt weiß über alles Bescheid. Also können sie ihn aus dem Heim auch nicht mehr zurückholen. Da ist ihnen auch schon der Riegel vorgeschoben. Und wir haben schon das Okay von ihnen. So, mehr kann ich euch noch nicht erzählen. Den Rest erfährt ihr später. Danke das ihr mir zugehört habt. Es hat gut getan jemandem davon zu erzählen. Wo ich weiß es wird nicht ausgeplaudert. Und wenn du es schreibst, ändere bitte die Namen."

 Wir waren auch sehr gerührt von der Geschichte. Beatrice brauchte sogar ein Taschentuch.

 „Ach du Liebe Zeit!", rief sie aus, „Die Geschichte war so interessant das ich nur die Hälfte notiert habe. Das ist bis jetzt auch noch nicht vorgekommen."

 Das brach das Eis und wir konnten wieder lachen. Da fiel mir erst auf, dass meine

Kollegen noch nicht hier waren. Aber wie auf das Stichwort kamen sie herein. Trugen einen Teil meiner Sachen schon ins Büro.

„Tschuldigung, wenn wir etwas später kommen. Aber wir mussten noch etwas besorgen."

Silvester kam mit zwei Flaschen Sekt, Franz mit Gläsern und da sagte dann noch Willi: „Sieh mal wen wir noch aufgegabelt haben."

Angela kam gerade herein. Sie trug auch etwas. Es entpuppte sich als ein Tablett mit belegten Baguettes.

„Das müssen wir schon gebührend feiern und anstoßen. Das du wieder zu uns gestoßen bist."

Darum waren sie so lange aus, weil sie das in der Zwischenzeit noch besorgen mussten. Joachim blieb natürlich auch noch, obwohl er eigentlich schon gehen hätte müsste. Er rief rasch jemanden an, dass es später würde. Bertram, sein Chauffeur, tauchte auch auf, weil er glaubte Joachim hätte seinen Termin vergessen. Der durfte dann auch mit einem kleinen Gläschen Sekt und viel Orangensaft mitanstoßen. Er hatte ja auch viel dazu beigetragen. Joachim erlaubte ihm einen Schluck, zur Ehre des Tages. Dann verzog er sich noch kurz mit Angela. Danach musste er dann wirklich gehen. Wir verabschiedeten uns von ihnen und feierten noch ein bisschen weiter. Heute war sowieso nicht an Arbeit zu denken. Beatrice machte noch einige Fotos und befragte noch die anderen. Danach musste sie auch gehen. Wir räumten alles zusammen und Angela nahm dann ihre Sachen wieder mit. Willi und die anderen stellten dann meine neuen Sachen auf. Einige Alte stellten wir auf die Seite. Die behielten wir uns für den Notfall. Danach besprachen wir noch einiges wegen der Arbeit und machten für heute Schluss. Also konnte ich auch noch einen gemütlichen Abstecher zu Angela machen. Die freute sich sehr mich wieder zu sehen.

„Warum hast du nichts gesagt. Dann hätte ich schon alles vorbereiten können. Jetzt hatte es rasch gehen müssen. Susi, Luisa und Karin mussten mir dann rasch helfen."

„An so etwas hatte ich nicht gedacht. Zur Eröffnung so etwas zu machen. Wir sind ja nur eine kleine Firma, und zuerst musste ich sehen ob sie mit einem Behinderten auch arbeiten würden ohne Probleme. Sie freuten sich sehr. Auch wenn ich im Rollstuhl sitzen würde. Sie schätzen mich als Mensch und Kollegen. Das war mir wichtig. Und staunten erst recht, als ich aufstand. Sie verübelten es mir nicht. Und freuten sich doppelt."

„Ja, Willi erzählte es schon und übertrieb wohl etwas. Magst du etwas zum Mittagessen? Oder hast du von den Brötchen noch genug?"

„Die schmeckten hervorragend, danke noch einmal. Auch wenn sie rasch gemacht wurden. Ich werde mir etwas für das Abendessen mitnehmen."

Ich wollte gerade gehen, da ließ mich Susi nicht aus. Sie wollte unbedingt das ich mit ihr und Luisa spielte. Also was blieb mir anderes übrig? Somit wurde es etwas später als geplant.

Am Dienstag fingen wir dann richtig an zu arbeiten. Sie gaben ihr Bestes und arbeiteten fleißig mit. Wir konnten uns bald vor lauter Aufträgen nicht retten. Wir mussten sogar noch jemanden einstellen. Willi bat mich Norbert anzustellen. Was mich sehr wunderte.

„Norbert filmt doch sehr gerne. Ich habe ihn schon bei ein paar privaten Filmen mitgenommen. Er tut das leidenschaftlich gerne, macht auch alles was ich sage und kann die Filme besser zusammenschneiden als ich. Zum Beweis zeigte er mir einen Film, den ich schon von ihm kannte. Und dann den Film, den Norbert aus Spaß zusammengeschnitten hatte. Der sah sehr viel besser aus. Also würde ich Norbert Angela abwerben. Die hatte gar nichts dagegen. Wenn es ihm mehr Spaß macht, als zu backen.

Frau Bruckner hatte auch nichts dagegen. Die anderen Kollegen, sahen dem etwas skeptisch entgegen, waren aber bald überzeugt und arbeiteten sehr gerne mit ihm. Manchmal stritten sie sogar schon um ihn, wer ihn als erster bekommt. Ich konnte darüber nur lachen.

    Mit mir und Angela ging es auch aufwärts. Am Anfang war es nur eine Freundschaft, die sich weiterentwickelte. Dann war ja noch das Hindernis, das ich noch nicht gut gehen konnte. Und als Arbeitsloser konnte und wollte ich sie nicht fragen. Auch wenn ihre Tochter immer wieder alles daran setzte uns zusammenzubringen. Aber das ging nicht so schnell. Ja dann war ja noch meine eigene Firma, die ich erst aufbauen musste. Sie sagte und drängte mich zu nichts. Wir genossen unsere Zeit. An den Sonntagen und manchmal auch Samstagnachmittag gingen wir spazieren, ins Kino oder Theater. Auch baden gingen wir. Das tat mir besonders gut. Nur bemerkte ich das meine Narbe immer bei einem Wetterumschwung anfing zu schmerzen. Das war oft ärgerlich. Das war das einzige negative.

    Dann gab es noch Neues über Hans. Er wurde verhaftet. Wegen Kinderhandels und illegaler Prostitution. Er war für einige Jahre aus dem Geschäft. Und dass das alles wegen Aloisia und Angela anfing, erfuhr er nie. Er wollte das große Geschäft machen. Ledigen Müttern, denen es schlecht ging, kaufte er ihnen die Kinder ab und verkaufte sie teuer an reiche Leute. Oder wenn eine Prostituierte schwanger wurde machte er das auch. Dann kam man eigentlich drauf, dass er die Kondome manipulierte, damit sie schwanger wurden und er die Kinder dann teuer verkaufte. Den Müttern sagte er, dass damit ihr Ausfall bezahlt werden müsse. Und er konnte sich mit dem Geld ein schönes Leben machen. Hans würde die beiden nie mehr wieder belästigen können. Wieder etwas hatte sich zum Guten gewendet. Luisa, Angelas verstorbene Tochter hielt uns immer wieder auf Trab. Sie versuchte sich immer wieder einzumischen oder die Sache zu beschleunigen. Aber wir machten es nach unserem Tempo.

    Beatrice Bericht über meine Firma, wurde ein voller Erfolg. Und gute Werbung für mich. Sie schrieb auch noch öfter über das Heim. Über Norbert, als er bei mir anfing zu arbeiten. Über Ines, der man eine Ausbildung als Dolmetscherin anbot, was Beatrice initiiert hatte. Sie lernte verdammt schnell die Sprachen und war sehr gut darin, obwohl sie als behindert galt. Die Lehrer waren sehr überrascht und förderten sie.

Aloisia traf sich öfter mit einem Mann. Sie erzählte uns nicht wer es war. Aber wir vergönnten es ihr. Sie sollte auch glücklich werden. Die Arbeit rief und Herrn Pöller`s Werbung wurde immer besser. Sie sollte auch so gut werden wie die im vorigen Jahr. Das reichte mir. Nur nicht zu viel verlangen. Weihnachten stand schon wieder vor der Tür.

Jonas bekam das schönste Weihnachtsgeschenk. Einen Bruder! Beatrice hatte schon mal darüber berichtet, ohne auch nur jemanden zu erwähnen. Und zu Weihnachten wurde die letzte Geschichte geschrieben. Sie erzählte von der OP und von der Adoption. Und der Schlusssatz gefiel mir am besten.

Und dies alles fing in der Wichtelbäckerei an. Mit einer kleinen Backstunde und die Freude am Backen mit Behinderten. Seien wir auch so wie sie.
Ihre Beatrice Wolf

Ja es stimmte. Ich fand den Weg zu Angela und dadurch zu dem Heim mit den Behinderten, Wo mir dann die Idee kam mit der Werbung. Ohne die Werbung wäre Joachim nie in das Heim als Weihnachtsmann gekommen, und dadurch Jonas nicht als Hilfe. Und so hätte er nie Jonathan gefunden. Das Schicksal hat schon eine eigene Art uns den Weg zu zeigen. Jonas bekam die Adoptionsurkunde als Weihnachtsgeschenk geschenkt. Er freute sich riesig. Jonathan wusste nicht was los war, weil Jonas weinte. Aber er weinte vor Freude.

„Jonathan. Wir sind jetzt offiziell Brüder. Meine Eltern haben dich adoptiert. So wie es eigentlich sein sollte. Wir haben die gleichen Eltern. Sie haben uns zur Adoption frei gegeben, wenn auch unter verschiedenen Umständen. Wir sind wirkliche Brüder, nicht nur weil wir adoptiert wurden. Herzlich Willkommen kleiner Bruder."

Jonathan sah alle verwirrt an. Dann erklärten es ihm Herr und Frau Pöller auch noch einmal. Dann freute er sich sehr und fragte ob er jetzt Vater und Mutter sagen durfte.

„Natürlich!", sagten alle auf einmal.

Es wurde das schönste Weihnachten für alle. Natürlich wollten die Eltern von Jonathan noch mehr rausschlagen. Aber das ging nicht. So konnten beide Jungs ohne Probleme aufwachsen.

Und noch etwas Erfreuliches gab es zu berichten. Als Angela wieder anfing für Weihnachten zu backen und jedem seine Zipfelmütze gab, war in ihrer etwas versteckt. Das ließ ich mir nicht nehmen wieder dabei zu sein. Susi, Luisa und Aloisia waren natürlich auch dabei. Als Angela das Päckchen auspackte, kniete ich mich nieder. Sie sah mich verwirrt und auch freudig an.

„Angela. Jetzt ist es ein Jahr her, das ich bei dir als Wichtel angefangen habe. Du hast mir in der schweren Zeit viel geholfen. Ich bin dir überaus dankbar dafür. Aus dem Wichtel ist ein Unternehmer geworden, der jetzt eine Familie ernähren kann. Darum will ich dich bitten, Willst du meine Frau werden? Du kannst den Termin selber bestimmen."

Alles wartete gespannt auf eine Antwort. Irgendwo hinter mir rechts, bemerkte ich eine Bewegung und hörte ein hüpfen. Ich drehte mich nicht um und sah nur Angela an. Sie sah auch in diese Richtung. Also war ihre Luisa auch da. Sie lächelte, nahm meine Hände und zog mich hoch.

„JA!"

Dann brach Jubel aus. Ich küsste sie das erste Mal vor allen. Angela flüsterte dann etwas in mein Ohr.

„Sie gibt uns ihren Segen und freut sich riesig. Und ist froh mich in deinen starken Händen zu lassen."

„Ich habe mir so etwas ähnliches gedacht. Sie ist hinter mir gehüpft. Stimmt es?"

„Ja. Sie hatte sich sehr gefreut, winkte und verschwand. Ich glaube jetzt sind wir wieder alleine."

„Das glaube ich kaum", denn alle stürmten auf uns zu und gratulierten uns.

Eine große Verlobung feierten wir dann kurz vor Weihnachten. Wir luden natürlich auch Joachim samt Familie ein. Und dann erschien Aloisia mit einem Mann. Ich kannte ihn nicht. Aber dafür Angela und Joachim.

„Herr Gross, was machen Sie hier?", fragte er ihn.

„Mich hat Aloisia, Frau Berger eingeladen."

Da ging uns allen ein Licht auf. Herr Gross Knut war der heimliche Freund von Aloisia. Jetzt konnten wir alle die alten Kapitel abschließen und ein neues Leben anfangen. Unseres begann im Mai. Meine Firma ging gut, Angelas Bäckerei ging gut. Also mussten wir nur einen Termin finden, um zu heiraten. Jetzt wollten wir nicht länger warten. Da meine Wohnung zwar groß war, aber nicht geeignet war für eine Familie, mussten wir eine suchen. Auch ihre war zu klein. Über der Bäckerei waren noch Wohnungen. Es wurden zwei kleinere frei. Die kauften wir und machten eine daraus. So hatte sie nicht weit zur Bäckerei und ich nicht zu meiner Firma. Die Wohnung wurde rechtzeitig fertig, bevor unser Kind auf die Welt kam. Sie kam am 14. Februar auf die Welt. Nein es wurde keine Luisa. Wir nannten sie nach Angelas Mutter, Elisabeth Valentina. Aloisia und Knut warteten noch mit dem Heiraten. Es drängte sie nichts.

Und was soll ich sagen. Vielleicht haben sie auch irgendwo eine Wichtelbäckerei, wo Wunder sichtbar werden können. Also halten sie die Augen offen. Vielleicht ist es ein anderes Geschäft. Aber Wunder geschehen und man kann sie weder suchen noch erzwingen. Wenn es sein soll, dann passieren sie.

Angela, Luisa, Nik, Elisabeth, Susi, Beatrice, Willi, Norbert, Joachim, Johanna, Jonas, Jonathan, Aloisia, Luisa, Knut …. Egal wie die Leute heißen. Man muss sie sehen und daran glauben.

Wunder geschehen,
Wunder sind schön,
Wunder sind wundervoll,
Wunder haben Zeit,
Wunder machen glücklich …

FROHE WEIHNACHTEN UND GLAUBT AN WUNDER!!!

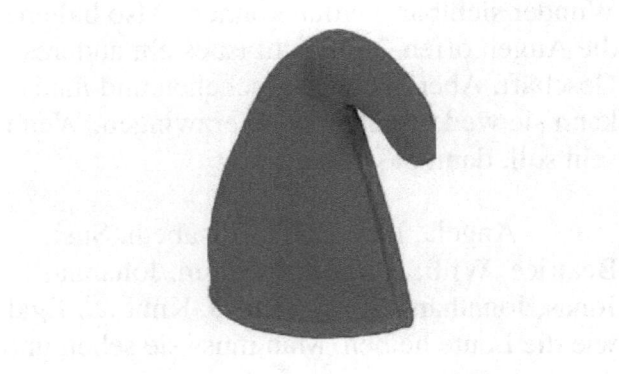

Noch andere Geschichten von Anna Pfeffer:

Als sich Marie zu ihrem 4. Geburtstag, am 24. Dezember, ein rosa Pony wünscht versuchen sie wenigstens ein Schaukelpferd in rosa zu finden. Leider vergebens. Aber am Weihnachtsabend steht ein rosa Paket hinter dem Christbaum. In dem Paket befindet sich ein rosa Schaukelpferd. Ein Geschenk von Tante Marie, der verstorbenen Schwester ihres Vaters. Und die Überraschungen fangen da erst an...

Bärchen ist, wie der Name schon sagt, ein Bär. Ein kleiner Bär, der mit seinen Eltern in einem großen Wald lebt. In einer großen Höhle mit einer Wiese davor. Erlebe die Abenteuer von Bärchen! Inhaltsverzeichnis: Kapitel 1: Bärchen allein auf Entdeckungsreise Flipp Lilly Heimkehr Kapitel 2: Bärchens erster Ausflug mit den Eltern

ISBN 978-3-7549-3409-8

www.epubli.de